GARY CHAPMAN

PROMESSAS DE DEUS PARA ABENÇOAR SEU CASAMENTO

Traduzido por EMIRSON JUSTINO

MC
mundocristão
São Paulo • Lisboa

Os textos de referência bíblica foram extraídos da *Nova Versão Internacional* (NVI), da Biblica, Inc., salvo estas indicações específicas: AM (*A Mensagem*), da Editora Vida; e RA (*Almeida Revista e Atualizada*, 2ª ed.), da Sociedade Bíblica do Brasil.

Dados Internacionais de Catalogação na Publicação (CIP)
(Câmara Brasileira do Livro, SP, Brasil)

Chapman, Gary
Promessas de Deus para abençoar seu casamento / Gary Chapman; traduzido por Emirson Justino. — São Paulo: Mundo Cristão, 2013.

Título original: Life Promises for Couples

1. Casamento - Aspectos religiosos - Cristianismo 2. Cônjuges - Vida religiosa I. Título.

13-04107 CDD-261.8358

Índice para catálogo sistemático:
1. Casamento : Aspectos religiosos : Cristianismo 261.8358
Categoria: Casamento

Publicado no Brasil com todos os direitos reservados por:
Editora Mundo Cristão
Rua Antônio Carlos Tacconi, 69, São Paulo, SP, Brasil — CEP 04810-020
Telefone: (11) 2127-4147
www.mundocristao.com.br

1ª edição: julho de 2013
Impressão em sistema digital sob demanda

Introdução

Tenho tido o privilégio de aconselhar casais há mais de trinta anos e, durante todo esse tempo, já vi quantidade suficiente de dificuldades conjugais. Mas também tenho visto, repetidas vezes, o poder de Deus transformando relacionamentos. Mudanças positivas ocorrem quando duas pessoas se dedicam uma à outra — e, de maneira especial, quando se empenham em comunicar amor uma à outra por meio das cinco linguagens do amor.

Uma vez que minha especialidade é aconselhamento conjugal, tenho a tendência de usar a linguagem do casamento quando escrevo. Algumas das questões que abordo são específicas do casamento. Contudo, se vocês forem um casal de namorados ou de noivos, espero que também leiam este livro. Há muita informação útil também para vocês. Os tijolos que compõem o casamento — como boa comunicação, respeito, amor incondicional e perdão — são fundamentais para qualquer relacionamento romântico. E aprender a identificar e falar a linguagem do amor da pessoa amada é algo que trará grandes benefícios a casais em qualquer fase do relacionamento.

Vocês podem ler este livro de promessas bíblicas individualmente ou podem se sentar juntos como casal e lê-lo. Vocês poderão descobrir *insights* bíblicos animadores dedicando apenas um ou dois minutos por dia à leitura.

Independentemente de seu relacionamento estar forte ou passando por dificuldades, estável ou exigindo cuidados, oro para que este pequeno livro os encoraje e renove a alegria que depositam um no outro. Que o relacionamento seja fortalecido à medida que vocês se concentrarem em se amar e crescer juntos.

Gary Chapman

Promessas de Deus

Assim, permanecem agora estes três: a fé, a esperança e o amor. O maior deles, porém, é o amor. Sigam o caminho do amor [...].

1Coríntios 13.13—14.1

Amados, visto que Deus assim nos amou, nós também devemos amar uns aos outros. Ninguém jamais viu a Deus; se amarmos uns aos outros, Deus permanece em nós, e o seu amor está aperfeiçoado em nós.

1João 4.11-12

"Um novo mandamento lhes dou: Amem-se uns aos outros. Como eu os amei, vocês devem amar-se uns aos outros. Com isso todos saberão que vocês são meus discípulos, se vocês se amarem uns aos outros."

João 13.34-35

A linguagem do amor

Depois de trinta anos aconselhando casais, estou convencido de que existem cinco maneiras diferentes por meio das quais declaramos e entendemos o amor emocional: as cinco linguagens do amor.

- Palavras de afirmação: usar palavras positivas para incentivar quem você ama.
- Presentes: dar presentes significativos para mostrar que você estava pensando em alguém.
- Atos de serviço: fazer algo que você sabe que a outra pessoa gostaria.
- Tempo de qualidade: dar atenção total.
- Toque físico: segurar mãos, beijar, abraçar ou qualquer outro toque agradável.

Cada um de nós tem uma linguagem principal. Uma dessas cinco linguagens nos fala mais profundamente do que as outras. Raramente, porém, marido e mulher têm a mesma linguagem de amor. Tendemos a falar nossa linguagem e, como resultado, erramos completamente o alvo. Sim, somos sinceros. Estamos até mesmo expressando amor, mas não nos conectando emocionalmente.

Isso lhe parece familiar? O amor não precisa diminuir com o tempo. O final do famoso "capítulo do amor" da Bíblia, 1Coríntios 13, diz que o amor é de grande valor e que durará para sempre. De fato, o apóstolo Paulo diz que o amor deve ser nosso maior objetivo. Mas, se você quer manter o amor vivo, então precisa aprender uma nova linguagem: a linguagem de quem você ama.

Isso exige disciplina e prática, mas a recompensa é um relacionamento duradouro e profundamente comprometido.

Promessas de Deus

"Façam aos outros o que vocês querem que eles lhes façam; pois esta é a Lei e os Profetas."

Mateus 7.12

Não amemos de palavra nem de boca, mas em ação e em verdade.

1João 3.18

Vejam como é grande o amor que o Pai nos concedeu: sermos chamados filhos de Deus, o que de fato somos!

1João 3.1

Em que posso ajudá-lo?

A palavra *cristão* significa "como Cristo". No século 1, *cristão* não foi um nome escolhido pelos seguidores de Jesus. Pelo contrário, foi um nome dado a eles por outras pessoas. Os crentes baseavam seu estilo de vida nos ensinamentos de Cristo, por isso a melhor maneira de descrevê-los era chamá-los de cristãos.

E se os cristãos fossem realmente como Cristo? A ordem para amar é fundamental nos ensinamentos de Jesus. De fato, no texto de Marcos 12.29-31, Jesus disse que o maior mandamento é amar a Deus, e o segundo é amar ao nosso próximo. Esses mandamentos superam todos os outros, pois tudo o mais flui a partir deles.

O amor começa com uma atitude, o que, por sua vez, leva a atos de serviço. "Em que posso ajudá-lo?" é uma ótima pergunta pela qual começar.

Hoje é um bom dia para expressar amor ao nosso próximo. Em minha opinião, isso começa com aqueles que estão mais próximos de nós — primeiro, nosso cônjuge, depois nossa família — e então se espalha pelo mundo.

Promessas de Deus

E todos nós, que com a face descoberta contemplamos a glória do Senhor, segundo a sua imagem estamos sendo transformados com glória cada vez maior, a qual vem do Senhor, que é o Espírito.

2Coríntios 3.18

O SENHOR *firma os passos de um homem, quando a conduta deste o agrada.*

Salmos 37.23

Reconheça o SENHOR *em todos os seus caminhos, e ele endireitará as suas veredas.*

Provérbios 3.6

A grande revelação

O que você sabe sobre a arte da autorrevelação? Tudo começou com Deus. Ele se revelou a nós através dos profetas, das Escrituras e, de maneira suprema, através de Cristo.

O mesmo princípio é necessário no casamento. A autorrevelação nos capacita a saber quais são as ideias, os desejos, as frustrações e as alegrias do outro. Em uma única frase, é o caminho que leva à intimidade. Sem autorrevelação não há intimidade. Portanto, como aprendemos a arte da autorrevelação?

Você pode começar aprendendo a falar por si mesmo. Os especialistas em comunicação costumam explicar que isso ocorre nas declarações em que se usa "eu" em vez de "você". Por exemplo: "*Eu* estou desapontada por você não ir comigo ao jantar de aniversário da minha mãe" é bastante diferente de "*Você* me desapontou mais uma vez por não ir ao jantar de aniversário da minha mãe".

Ao se concentrar nas suas reações, você revela suas próprias emoções. Concentrar-se nas ações dos outros é o mesmo que colocar culpa. Declarações com "você" incentivam discussões; as que utilizam "eu" incentivam comunicação.

Promessas de Deus

A integridade dos justos os guia, mas a falsidade dos infiéis os destrói.

Provérbios 11.3

Para tudo há uma ocasião certa; [...] tempo de chorar e tempo de rir, tempo de prantear e tempo de dançar, [...] tempo de abraçar e tempo de se conter, [...] tempo de rasgar e tempo de costurar, tempo de calar e tempo de falar.

Eclesiastes 3.1,4,5,7

Livrem-se de toda amargura, indignação e ira, gritaria e calúnia, bem como de toda maldade. Sejam bondosos e compassivos uns para com os outros, perdoando-se mutuamente, assim como Deus os perdoou em Cristo.

Efésios 4.31-32

Expresse-se!

Algumas pessoas chegam a pensar por que deveriam compartilhar seus sentimentos com o parceiro. A verdade é que, se você não compartilhar abertamente seus sentimentos, eles provavelmente vão aparecer de alguma maneira no seu comportamento. Contudo, a pessoa amada não terá a menor ideia da razão pela qual você está se comportando daquela maneira. É nesse momento que você ouve a clássica pergunta: "Há algo errado?". Seu cônjuge sabe que alguma coisa não está certa, mas não sabe o que é.

As emoções são uma parte natural da vida. O rei Salomão escreve em Eclesiastes que há um momento para tudo, incluindo alegria e tristeza, luto e comemoração. Todos os sentimentos têm seu lugar em nossa vida, e muitos deles falam muita coisa sobre nós. A maioria de nossos sentimentos está ligada a alguma experiência que tivemos no passado ou a algo que estamos enfrentando agora. Da próxima vez que você se sentir desapontado, pergunte a si mesmo: "O que gerou meu desapontamento?". Então, tente compartilhar, seja lá o que for, com seu cônjuge.

Revelar seus sentimentos permite que seu cônjuge saiba o que está se passando dentro de você — o que você está sentindo e por quê. Você pode dizer, por exemplo: "Estou irritado comigo mesmo porque cheguei tarde em casa na noite passada e perdemos nosso passeio ao ar livre". Uma declaração assim pode incentivar seu cônjuge a dizer: "Eu também estou desapontada. Talvez possamos passear na noite de quinta-feira". A revelação dos seus sentimentos cria uma atmosfera de intimidade e confiança.

Promessas de Deus

[Jesus disse:] "Por que você repara no cisco que está no olho do seu irmão, e não se dá conta da viga que está em seu próprio olho? [...] Tire primeiro a viga do seu olho, e então você verá claramente para tirar o cisco do olho do seu irmão".

Mateus 7.3,5

Embora esteja nas alturas, o SENHOR *olha para os humildes, e de longe reconhece os arrogantes.*

Salmos 138.6

Nada façam por ambição egoísta ou por vaidade, mas humildemente considerem os outros superiores a si mesmos.

Filipenses 2.3

Hora de mudança

Como conselheiro conjugal, cheguei a uma conclusão: todo mundo deseja que seu cônjuge mude. "Poderíamos ter um bom casamento se ele simplesmente me ajudasse mais com a casa". Ou: "Nosso casamento seria ótimo se ela se dispusesse a fazer sexo mais de uma vez por mês". Ele quer que ela mude, e ela quer que ele mude. O resultado? Os dois se sentem condenados e ressentidos.

As palavras de Jesus em Mateus 7 ilustram vividamente o problema. Achamos que vemos claramente as falhas dos outros e dedicamos muito esforço para tentar corrigi-las. Na realidade, porém, nosso próprio pecado nos cega. Se não lidarmos com nossas próprias falhas, não há propósito em criticar as do nosso cônjuge.

Existe uma maneira melhor de agir: comece com você mesmo. Admita que você não é perfeito. Confesse algumas de suas falhas mais óbvias ao seu cônjuge e reconheça que você quer mudar. Peça uma sugestão a cada semana sobre como você poderia ser um marido ou uma esposa melhor. Faça mudanças da melhor maneira possível. É bem provável que seu cônjuge acabe mudando também.

Promessas de Deus

[A mensagem de João Batista era:] "Arrependam-se, pois o Reino dos céus está próximo [...]. Deem fruto que mostre o arrependimento!".

Mateus 3.1-2,8

"Se o meu povo, que se chama pelo meu nome, se humilhar e orar, buscar a minha face e se afastar dos seus maus caminhos, dos céus o ouvirei, perdoarei o seu pecado e curarei a sua terra."

2Crônicas 7.14

Se confessarmos os nossos pecados, ele é fiel e justo para perdoar os nossos pecados e nos purificar de toda injustiça.

1João 1.9

Hora de você mudar

Uma mulher me disse recentemente: "Temos as mesmas discussões sobre as mesmas velhas coisas. Estamos casados há trinta anos e estou cansada das desculpas dele. Quero que ele mude". Essa mulher queria que seu marido se arrependesse. A palavra *arrependimento* significa "virar na direção oposta". No contexto de um pedido de desculpas, significa que me arrependo profundamente da dor que meu comportamento causou e opto por mudar meu comportamento.

João Batista pregava que as pessoas precisavam se arrepender — afastarem-se de seus pecados e voltarem-se para Deus. Quando Jesus iniciou seu ministério, sua mensagem era a mesma. A prova da mudança de nosso coração está em nossas ações. Quando Cristo governa nosso coração, não ficamos felizes por repetir os mesmos velhos pecados. Em vez disso, buscamos ajuda divina para mudar nossos caminhos.

Quando ferimos nosso cônjuge, devemos reconhecer que aquilo que fizemos é errado e que simplesmente pedir desculpas não é suficiente para consertar as coisas. Também precisamos traçar um plano para mudar nossas ações de modo a não ferir a pessoa amada da mesma forma novamente. Por que não fazer isso em nosso relacionamento mais íntimo? O arrependimento é uma parte vital de um pedido genuíno de desculpas.

Promessas de Deus

"Arrependam-se! Desviem-se de todos os seus males, para que o pecado não cause a queda de vocês. Livrem-se de todos os males que vocês cometeram, e busquem um coração novo e um espírito novo."

Ezequiel 18.30-31

Se alguém está em Cristo, é nova criação. As coisas antigas já passaram; eis que surgiram coisas novas!

2Coríntios 5.17

Aquilo que a Lei fora incapaz de fazer por estar enfraquecida pela carne, Deus o fez, enviando seu próprio Filho, à semelhança do homem pecador, como oferta pelo pecado. E assim condenou o pecado na carne.

Romanos 8.3

Ver é crer

Todos nós precisamos aprender a pedir desculpas, por uma simples razão: todos nós somos pecadores. De tempos em tempos todos nós magoamos a pessoa a quem mais amamos. Quando pedimos desculpas, esperamos que a pessoa a quem magoamos nos perdoe. Podemos facilitar isso se incluirmos em nosso pedido de desculpas uma declaração de arrependimento ou de mudança. Como fez uma mulher: "Não quero apenas ouvir palavras; quero ver mudanças. Quando ele demonstra que pretende mudar, estou sempre disposta a perdoá-lo".

Todo arrependimento verdadeiro começa no coração. A decisão de mudar mostra que paramos de encontrar pretextos ou minimizar nosso comportamento. Em vez disso, estamos assumindo plena responsabilidade por nossas atitudes. Como dizem as Escrituras, estamos deixando para trás o comportamento pecaminoso e buscando "um coração novo e um espírito novo" (Ez 18.31). Somente Deus pode nos fornecer ambos. Ele pode renovar em nós o desejo de mudar a maneira como agimos. Ele pode nos ajudar a sermos melhores. Quando compartilhamos nosso desejo de mudança, a parte magoada vislumbra nosso coração — e isso frequentemente leva ao perdão.

Promessas de Deus

É melhor ter companhia do que estar sozinho, porque maior é a recompensa do trabalho de duas pessoas. Se um cair, o amigo pode ajudá-lo a levantar-se. Mas pobre do homem que cai e não tem quem o ajude a levantar-se!

Eclesiastes 4.9-10

Assim, há muitos membros, mas um só corpo. O olho não pode dizer à mão: "Não preciso de você!" Nem a cabeça pode dizer aos pés: "Não preciso de vocês!" Ao contrário, os membros do corpo que parecem mais fracos são indispensáveis, e os membros que pensamos serem menos honrosos, tratamos com especial honra. E os membros que em nós são indecorosos são tratados com decoro especial, enquanto os que em nós são decorosos não precisam ser tratados de maneira especial. Mas Deus estruturou o corpo dando maior honra aos membros que dela tinham falta.

1Coríntios 12.20-24

Dele todo o corpo, ajustado e unido pelo auxílio de todas as juntas, cresce e edifica-se a si mesmo em amor, na medida em que cada parte realiza a sua função.

Efésios 4.16

São necessários dois

Lá em casa, sou eu quem passa o aspirador de pó e lava a louça. O que você faz na sua casa? Quem fará o quê? — essa é uma pergunta que todo casal deve responder. Em minha opinião, os talentos e as habilidades de cada pessoa devem ser considerados. Uma pode ser mais qualificada do que a outra para certas tarefas. Por que não empregar o talento de cada um na área em que apresenta mais facilidade?

Isso não significa que, uma vez que uma pessoa aceita uma responsabilidade, a outra nunca mais se oferecerá para ajudá-la naquela tarefa. O amor busca ajudar e frequentemente o fará. Em Eclesiastes, o rei Salomão escreve claramente sobre o valor do trabalho em equipe. Como casal, podemos realizar mais juntos dos que poderíamos fazer como indivíduos, porque estamos presentes para ajudar um ao outro. As Escrituras não nos dizem exatamente quem deverá fazer o que, mas elas nos incentivam a estar de acordo com a resposta.

O profeta Amós perguntou certa vez: “Duas pessoas andarão juntas se não estiverem de acordo?” (3.3). A resposta é: “Não chegarão muito longe nem caminharão muito bem”. Quero incentivar vocês a continuar negociando até que ambos se sintam bem em relação a quem vai fazer o que dentro de casa.

Promessas de Deus

Assim como o ferro afia o ferro, o homem afia o seu companheiro.

Provérbios 27.17

Quanto ao mais, tenham todos o mesmo modo de pensar, sejam compassivos, amem-se fraternalmente, sejam misericordiosos e humildes.

1Pedro 3.8

Irmãos, em nome de nosso Senhor Jesus Cristo suplico a todos vocês que concordem uns com os outros no que falam, para que não haja divisões entre vocês; antes, que todos estejam unidos num só pensamento e num só parecer.

1Coríntios 1.10

A importância do trabalho em equipe

Qual o objetivo comum que vocês têm como casal? Talvez seja uma casa administrada sem atropelos, um relacionamento harmonioso, um senso de justiça. Recentemente uma mulher estava no meu consultório reclamando que seu marido não a ajudava com as coisas da casa. "Nós dois trabalhamos o dia inteiro", disse ela. "Mas ele espera que eu faça todas as coisas de casa enquanto ele assiste à televisão e descansa. Bem, talvez eu precise descansar também". Está claro que esse casal não havia definido seu objetivo comum.

Os esportistas de uma equipe não desempenham todos a mesma função, mas eles têm um mesmo objetivo. Isso também foi verdadeiro quando Neemias liderou os israelitas na reconstrução do muro em torno de Jerusalém. Alguns deles reconstruíram portões, alguns carregaram materiais e outros ainda montaram guarda, atentos aos que pretendiam sabotar a obra. Os indivíduos tinham funções distintas, mas estavam unidos em torno de seu objetivo último: tornar a cidade de Jerusalém segura outra vez.

Se quisermos harmonia e intimidade em nosso relacionamento, devemos então fazer, cada um, nossa parte na obra. Um cônjuge que se sente usado muito provavelmente não se interessará por intimidade. Por que não perguntar ao seu cônjuge: "Você acha que formamos uma boa equipe aqui em casa?". Deixe que a resposta guie suas ações.

Promessas de Deus

"Quando vocês ficarem irados, não pequem". Apaziguem a sua ira antes que o sol se ponha, e não deem lugar ao Diabo.

Efésios 4.26-27

Meus amados irmãos, tenham isto em mente: Sejam todos prontos para ouvir, tardios para falar e tardios para irar-se, pois a ira do homem não produz a justiça de Deus. Portanto, livrem-se de toda impureza moral e da maldade que prevalece, e aceitem humildemente a palavra implantada em vocês, a qual é poderosa para salvá-los.

Tiago 1.19-21

O homem paciente dá prova de grande entendimento, mas o precipitado revela insensatez.

Provérbios 14.29

Simplesmente deixe para lá

Você já se pegou tendo uma reação exagerada diante de pequenas irritações? Seu cônjuge se esquece do leite e você faz careta ou um comentário sarcástico. Seu filho pisou no carpete novo com o sapato sujo de barro e você explode. Se isso está acontecendo, existem boas chances de que você esteja sofrendo de ira acumulada — ira guardada dentro de você há anos.

É possível que seus pais tenham magoado você com palavras duras ou punição severa. Talvez seus colegas o tenham ridicularizado na adolescência ou seu chefe o tenha tratado de maneira injusta. Se você tem todas essas mágoas represadas dentro de si, a ira acumulada pode estar aparente em seu comportamento. A Bíblia sabiamente nos orienta para não deixarmos o dia acabar acompanhado da ira. Em outras palavras, precisamos lidar com nossa ira imediatamente, em vez de deixar que ela cresça.

Entregue sua ira a Deus. Converse com ele sobre suas emoções e peça a ele que o ajude a lidar com as situações que as provocam. Ele pode ajudar você a se livrar das mágoas passadas e a perdoar aqueles que o magoaram.

Sentir raiva não é errado. Mas como Efésios 4 nos diz, deixar que a ira nos controle é errado — e pode ser bastante danoso para um casamento.

Promessas de Deus

Sejam bondosos e compassivos uns para com os outros, perdoando-se mutuamente, assim como Deus os perdoou em Cristo.

Efésios 4.32

"Amem, porém, os seus inimigos, façam-lhes o bem e emprestem a eles, sem esperar receber nada de volta. Então, a recompensa que terão será grande e vocês serão filhos do Altíssimo."

Lucas 6.35

Sobretudo, amem-se sinceramente uns aos outros, porque o amor perdoa muitíssimos pecados.

1Pedro 4.8

Atos de bondade não tão raros

"Sejam bondosos e compassivos uns para com os outros" (Ef 4.32). Talvez tenhamos memorizado esse versículo ainda crianças, mas será que nos esquecemos dele depois de adultos? A bondade é um dos traços do amor, conforme definido na Bíblia no famoso "capítulo do amor", 1Coríntios 13: "O amor é paciente, o amor é bondoso" (v. 4). Você pensa, conscientemente, em ser bondoso com seu cônjuge ao longo do dia? A bondade se expressa na maneira como conversamos e naquilo que fazemos. Gritar e berrar não constituem bondade. Falar suavemente e com respeito, sim. Do mesmo modo que reservar um tempo para uma conversa significativa com seu cônjuge, quando ele estiver solitário, triste ou confuso.

Existem também os atos de bondade — coisas que fazemos para ajudar os outros. Quando concentramos nossa energia em atitudes bondosas uns para com os outros, o relacionamento pode ser revitalizado. O que você poderia fazer hoje para ser bondoso para com seu cônjuge? Talvez você possa realizar uma tarefa em casa que normalmente não é responsabilidade sua, ou então levar a ele ou ela uma xícara de chá na cama. Talvez enviar um bilhete de incentivo ou trazer para casa sua comida predileta. Todas essas coisas são pequenas, mas podem causar um impacto enorme. Imagine como seria o relacionamento se vocês dois enfatizassem a bondade.

Promessas de Deus

Alegrem-se na esperança, sejam pacientes na tribulação, perseverem na oração.

Romanos 12.12

Não permita que a ira domine depressa o seu espírito, pois a ira se aloja no íntimo dos tolos.

Eclesiastes 7.9

Feliz é o homem que persevera na provação, porque depois de aprovado receberá a coroa da vida, que Deus prometeu aos que o amam.

Tiago 1.12

A paciência gera perfeição

Ter paciência significa aceitar as imperfeições dos outros. Por natureza, queremos que os outros sejam tão bons quanto nós somos (ou tão bons quanto achamos que somos), tão pontuais quanto nós somos ou tão organizados como nós somos. A realidade é que seres humanos não são máquinas. O restante do mundo não vive de acordo com nossa lista de prioridades; nossa agenda não é a agenda deles. É especialmente importante que os casais se lembrem disso. Num relacionamento amoroso, ter paciência significa tolerar os erros do outro e dar a ele a liberdade para ser diferente de nós.

Qual foi a última vez em que você foi impaciente com a pessoa que é tão importante na sua vida? A impaciência surgiu porque ele ou ela não preencheu suas expectativas? Não creio que seja por coincidência que Efésios 4.2 ligue humildade à paciência. Quando somos humildes, percebemos que o mundo não gira em torno de nós e que não definimos o padrão de comportamento. Quando temos isso em mente, a possibilidade de nos tornarmos impacientes é muito menor.

A Bíblia diz: "O amor é paciente, o amor é bondoso" (1Co 13.4). Se, em meio à impaciência, você se alterar diante da pessoa que ama, o amor exige que você peça desculpas e acerte o rumo. Trabalhe para obter mais paciência em seu casamento.

Promessas de Deus

O caminho do insensato parece-lhe justo, mas o sábio ouve os conselhos.

Provérbios 12.15

Se acatarem a minha repreensão, eu lhes darei um espírito de sabedoria e lhes revelarei os meus pensamentos.

Provérbios 1.23

Esta é a confiança que temos ao nos aproximarmos de Deus: se pedirmos alguma coisa de acordo com a vontade de Deus, ele nos ouvirá. E se sabemos que ele nos ouve em tudo o que pedimos, sabemos que temos o que dele pedimos.

1João 5.14-15

Escutem!

Nunca resolveremos conflitos se não aprendermos a escutar. Muitas pessoas acham que estão escutando quando, de fato, estão simplesmente recuperando o fôlego para continuar falando — apenas fazem uma pausa para recarregar suas armas verbais. O texto de Provérbios 12.15 não hesita ao chamar aquele que não escuta de *insensato*. Talvez não gostemos dessa palavra, mas o fato é que a recusa em escutar revela falta de humildade. As pessoas sábias escutam as outras — especialmente aquelas a quem amam. Escutar significa procurar entender o que a outra pessoa está pensando e sentindo. Implica nos colocarmos no lugar do outro e tentar enxergar o mundo através dos olhos dele.

Esta é uma boa frase com a qual começar: "Quero entender o que você está dizendo porque sei que é importante". Um homem me disse que fez uma placa na qual estava escrito "Sou ouvinte". Quando sua esposa começava a falar, ele a pendurava no pescoço para se lembrar do que tinha de fazer. Sua esposa sorria e dizia: "Espero que seja verdade". Ele aprendeu a ser um bom ouvinte.

Promessas de Deus

Dediquem-se uns aos outros com amor fraternal. Prefiram dar honra aos outros mais do que a si próprios.

Romanos 12.10

Eu clamo a ti, ó Deus, pois tu me respondes; inclina para mim os teus ouvidos e ouve a minha oração.

Salmos 17.6

"Parem de lutar! Saibam que eu sou Deus! [...]"

Salmos 46.10

Largue tudo!

Todos nós somos ocupados. Às vezes, ocupados demais para ouvir. Contudo, ouvir é a única maneira pela qual podemos entender os pensamentos e sentimentos de nosso cônjuge. Ouvir exige tempo e requer foco. Muitas pessoas se orgulham de serem capazes de ouvir enquanto leem *e-mails* ou assistem à televisão, mas me pergunto se isso é realmente ouvir. Um marido disse: "Minha esposa insiste que eu me sente e a escute. Sinto-me como se estivesse numa camisa de força, como se estivesse perdendo tempo".

Paulo nos diz em Romanos 12 que devemos "dar honra aos outros". Uma maneira de honrar alguém é ouvir atentamente e dar à pessoa sua total atenção. É uma questão de respeito. Quando você larga tudo o mais, olha para seu cônjuge e o escuta, você está dizendo: "Você é a pessoa mais importante da minha vida". Por outro lado, quando você tenta ouvir enquanto faz outras coisas, está dizendo: "Você é apenas um dos meus muitos interesses". Ouvir é uma poderosa expressão de amor.

Promessas de Deus

Há palavras que ferem como espada,
mas a língua dos sábios traz a cura.

Provérbios 12.18

Nenhuma palavra torpe saia da boca de vocês, mas apenas a que for útil para edificar os outros, conforme a necessidade, para que conceda graça aos que a ouvem.

Efésios 4.29

Estou convencido de que aquele que começou boa obra em vocês, vai completá-la até o dia de Cristo Jesus.

Filipenses 1.6

Destaque o positivo

Uma das coisas mais poderosas que você pode fazer para incrementar seu casamento é optar por uma atitude vencedora. Como fazer isso?

Primeiro, você precisa admitir seu pensamento negativo. Enquanto pensar negativamente, você nunca será capaz de optar por uma atitude vencedora. O segundo passo é identificar as características positivas de seu cônjuge, ainda que isso seja difícil para você. Você pode até mesmo obter ajuda de seus filhos fazendo esta pergunta: "Quais são as coisas boas do papai e da mamãe?".

Assim que você tiver identificado essas características positivas, agradeça a Deus por elas. Depois, comece a expressar o reconhecimento a seu cônjuge verbalizando as coisas positivas que você observa. Estabeleça um objetivo, como fazer um elogio por semana durante um mês. Depois aumente para dois por semana, então três, e assim por diante, até que chegue a um elogio por dia.

Provérbios tem muito a dizer sobre a importância das palavras. Lemos em Provérbios 18.21: "A língua tem poder sobre a vida e sobre a morte". A passagem de Provérbios 12.18 fala sobre a cura trazida pelas palavras. As palavras gentis são chamadas de "árvore de vida", em Provérbios 15.4. Você pode trazer nova vida ao seu casamento ao substituir condenação e crítica por elogios e palavras de afirmação.

Promessas de Deus

Tudo o que fizerem, façam de todo o coração, como para o Senhor, e não para os homens, sabendo que receberão do Senhor a recompensa da herança. É a Cristo, o Senhor, que vocês estão servindo.

Colossenses 3.23-24

"Há maior felicidade em dar do que em receber."

Atos 20.35

"Quem quiser ser o primeiro deverá ser escravo de todos. Pois nem mesmo o Filho do homem veio para ser servido, mas para servir e dar a sua vida em resgate por muitos."

Marcos 10.44-45

Ajude-me a ajudar você

A mensagem cristã ensina que servimos a Cristo ao servirmos aos outros. Como consta em Colossenses 3.23, devemos fazer tudo como se estivéssemos fazendo para o Senhor — em outras palavras, com disposição, alegria e entusiasmo.

Todos nós temos visões idealistas de nosso cônjuge nos perguntando coisas como "O que eu poderia fazer para ajudar você esta noite?" ou "Como posso facilitar sua vida nesta semana?". Mas o fato é que muitos de nós crescemos em lares onde tínhamos de lutar para sobreviver. Não aprendemos a apreciar o valor de servir aos outros. Como você desenvolve uma atitude de serviço se cresceu num lar onde as pessoas se tratavam como cães e gatos?

Vamos começar com nossa família de origem — a família na qual você cresceu. Numa escala de zero a dez, como você classificaria a atitude de serviço de seu pai em relação à sua mãe? Zero significa que ele nunca levantou um dedo para ajudá-la; dez significa que ele era quase como Cristo em seu serviço. A seguir, avalie sua mãe. Como ela demonstrava uma atitude de serviço? Agora vamos para o lado pessoal. Como você avalia você mesmo? Você é mais semelhante ao seu pai ou à sua mãe? Você tem muito a crescer? Ou você já está servindo a Cristo ao servir seu cônjuge?

Promessas de Deus

Que o amor e a fidelidade jamais o abandonem; prenda-os ao redor do seu pescoço, escreva-os na tábua do seu coração.

Provérbios 3.3

Se [o seu dom] é mostrar misericórdia, que o faça com alegria.

Romanos 12.8

O generoso prosperará; quem dá alívio aos outros, alívio receberá.

Provérbios 11.25

Ao seu serviço

O tema da vida cristã é servir a Cristo por meio do serviço que prestamos a outras pessoas. Jesus veio à terra para servir aos outros — primeiro pelo amor, pelo ensino e por suas curas e, por fim, pela morte. Quando servimos aos outros, estamos não apenas servindo a Cristo, mas agindo como Cristo. Portanto, por que não começar a desenvolver uma atitude de serviço em nossos relacionamentos mais íntimos? O fato é que realizamos atos de serviço uns pelos outros todos os dias. Contudo, não costumamos falar sobre eles e, consequentemente, começamos a achar que eles são corriqueiros.

Quero sugerir um pequeno exercício de comunicação que dará destaque ao serviço. É um jogo chamado Gostei muito disso. Veja como se joga. O marido pode dizer à esposa algo como "uma maneira pela qual servi você hoje foi colocando bastante roupa para lavar". A esposa pode responder: "Gostei muito disso". Então, ela diz: "Uma maneira pela qual servi você hoje foi preparando o jantar". O marido responde: "Gostei muito disso".

Joguem esse jogo uma vez por semana e vocês se tornarão mais conscientes dos atos de serviço que já estão realizando um pelo outro. Falar sobre os atos de serviço os elevará a uma posição de importância. Se tiverem filhos, deixem que escutem vocês e eles logo vão querer fazer parte da diversão.

Promessas de Deus

Nisto conhecemos o que é o amor: Jesus Cristo deu a sua vida por nós, e devemos dar a nossa vida por nossos irmãos.

1João 3.16

Portanto, como povo escolhido de Deus, santo e amado, revistam-se de profunda compaixão, bondade, humildade, mansidão e paciência. Suportem-se uns aos outros e perdoem as queixas que tiverem uns contra os outros. Perdoem como o Senhor lhes perdoou.

Colossenses 3.12-13

Nós amamos porque ele nos amou primeiro.

1João 4.19

Amor gera amor

Antes de eu e minha esposa nos casarmos, eu achava que, a cada manhã, tão logo o sol nascia, todo mundo se levantava. Mas, depois que nos casamos, descobri que minha esposa não é matutina. Não se passou muito tempo até que eu começasse a não gostar dela, e não demorou muito até que ela começasse a não gostar de mim. Brigamos por vários anos, profundamente desapontados com nosso casamento.

O que finalmente mudou nosso casamento? A profunda descoberta de que não era meu trabalho exigir que ela satisfizesse minhas expectativas. Meu trabalho era dedicar minha vida a tornar a dela mais fácil e mais significativa. Quem foi meu modelo? O próprio Cristo, que entregou a vida em nosso benefício. O apóstolo João nos lembra de que o sacrifício de Cristo exemplifica o amor genuíno. Por causa de seu sacrifício, também devemos renunciar nossa vida em benefício de outras — começando pela vida de nosso cônjuge.

Eu não teria essa ideia nem que se passassem mil anos. Mas os caminhos de Deus não são como os nossos. No jeito de Deus de fazer as coisas, a estrada que leva à grandeza se assenta sobre o serviço prestado aos outros. Que melhor lugar para começar do que no próprio casamento? Minha esposa é minha primeira responsabilidade. Quando escolho servir a Deus, ele diz: "Vamos começar com a sua esposa. Faça alguma coisa por ela hoje". Quando entendi a ideia, minha esposa respondeu rapidamente. Ela aprende muito rápido.

Amor gera amor. Esse é o jeito de Deus.

Promessas de Deus

Sigam o caminho do amor.

1Coríntios 14.1

Acima de tudo, porém, revistam-
-se do amor, que é o elo perfeito.

Colossenses 3.14

Vivam em amor, como também Cristo nos amou e se entregou por nós como oferta e sacrifício de aroma agradável a Deus.

Efésios 5.2

Veja e aprenda

Você quer saber qual é a linguagem do amor do seu cônjuge? Então observe como ele costuma expressar amor a você. É por meio de palavras de afirmação? Presentes? Atos de serviço? Tempo de qualidade? Toque físico? A maneira como uma pessoa expressa amor a você é provavelmente a maneira como ela deseja que você expresse seu amor por ela.

Se ele costuma abraçá-la e beijá-la com frequência, a linguagem do amor dele é provavelmente o *toque físico*. Ele deseja que você tome a iniciativa de abraçá-lo e beijá-lo. Se ela está sempre tirando o mato do jardim, mantendo as finanças em ordem ou limpando o banheiro depois que você o usa, então a linguagem do amor dela provavelmente se direciona a *atos de serviço*. Ela deseja que você a ajude com o trabalho de casa. Se você não o fizer, então ela não vai se sentir amada. Um marido disse: "Se eu soubesse que o fato de eu levar o lixo para fora a faria se sentir amada e mais responsiva sexualmente, teria começado a levar o lixo para fora anos atrás!". Pena que foram precisos tantos anos para que ele descobrisse a linguagem do amor de sua esposa.

Como a Bíblia ensina, devemos seguir o caminho do amor. Para alcançar esse objetivo, precisamos nos empenhar ao máximo a fim de descobrir qual o melhor modo de nosso cônjuge receber amor.

Promessas de Deus

Foi assim que Deus manifestou o seu amor entre nós: enviou o seu Filho Unigênito ao mundo, para que pudéssemos viver por meio dele. Nisto consiste o amor: não em que nós tenhamos amado a Deus, mas em que ele nos amou e enviou seu Filho como propiciação pelos nossos pecados. Amados, visto que Deus assim nos amou, nós também devemos amar uns aos outros.

1João 4.9-11

"Com isso todos saberão que vocês são meus discípulos, se vocês se amarem uns aos outros."

João 13.35

"Ninguém tem maior amor do que aquele que dá a sua vida pelos seus amigos."

João 15.13

Dê e você receberá

Creio que nossa necessidade emocional mais profunda é a necessidade de nos sentirmos amados. Para os casados, a pessoa que mais desejamos que nos ame é nosso cônjuge. Se nos sentirmos amados por nosso cônjuge, o mundo inteiro se ilumina. Se não nos sentirmos amados, o mundo inteiro se escurece. Contudo, não recebemos amor ao reclamar e fazer exigências.

Um homem me disse: "Se minha esposa fosse apenas um pouco mais amorosa, então eu poderia ser mais receptivo a ela. Mas, quando ela não me dá afeto, quero me afastar dela". Ele está esperando para receber amor antes de dar amor. Alguém deve tomar a iniciativa. Por que tem de ser a outra pessoa?

Por que somos tão lentos para entender que a iniciativa para amar deve ser sempre nossa? Deus é nosso exemplo. Amamos a Deus porque ele nos amou primeiro. Ele nos amou quando ainda éramos pecadores, quando ainda não éramos receptivos a ele, quando não tínhamos nada para merecer isso. Esse é o derradeiro exemplo de amor que toma a iniciativa. Se você optar por dar amor incondicional ao seu cônjuge e aprender como expressar amor numa linguagem que a outra pessoa seja capaz de sentir, então existem todas as possibilidades de que seu cônjuge aja de maneira recíproca.

Promessas de Deus

Sejam completamente humildes e dóceis, e sejam pacientes, suportando uns aos outros com amor.

Efésios 4.2

Façam todo o possível para viver em paz com todos.

Romanos 12.18

Façam todo o esforço para conservar a unidade do Espírito pelo vínculo da paz.

Efésios 4.3

Controle os ânimos!

Todos nós temos pontos emocionais sensíveis. Quando nosso cônjuge diz ou faz certas coisas, ficamos na defensiva. De modo geral, nossa reação se baseia no próprio histórico. Você pode descobrir que seu cônjuge frequentemente repete as mesmas falas de seus pais, as quais o feriram ou envergonharam. O fato de você ficar na defensiva indica que a ferida nunca foi curada. Da próxima vez que você ficar na defensiva, pergunte a si mesmo a razão disso. Há grandes chances de que muitas lembranças venham à tona. Compartilhe essas experiências do passado com seu cônjuge e ele passará a ser mais compreensivo.

E se você for o cônjuge? Assim que descobrir por que seu marido ou sua esposa fica na defensiva em determinada área, então você poderá decidir como seguir adiante. Você pode perguntar: "De que maneira você gostaria que eu falasse sobre esse assunto no futuro? Não quero ferir você. Como posso tocar nessa questão de uma maneira que não seja dolorosa para você?". Ao agir assim, você trilhará o caminho certo para neutralizar o comportamento defensivo de seu cônjuge, além de seguir as Escrituras ao ser paciente e suportar as dificuldades do seu cônjuge, como Paulo encoraja em Efésios 4.2. Aprender a negociar os "pontos sensíveis" da vida é uma parte importante para se desenvolver um casamento cada vez melhor.

Promessas de Deus

O coração do que tem discernimento adquire conhecimento; os ouvidos dos sábios saem à sua procura.

Provérbios 18.15

O justo pensa bem antes de responder.

Provérbios 15.28

[Deus] nos consola em todas as nossas tribulações, para que, com a consolação que recebemos de Deus, possamos consolar os que estão passando por tribulações.

2Coríntios 1.4

Ouça e aprenda

As habilidades de *falar* e *ouvir* são dois dos mais profundos dons de Deus. Nada é mais importante para um relacionamento do que falar e ouvir. A comunicação aberta é a força vital que mantém um casamento nas temporadas de primavera e verão — tempos de otimismo e alegria. Em contrapartida, a falha na comunicação é o que produz o outono e o inverno — tempos de desânimo e negatividade.

Tudo isso parece bastante simples. O problema é que muitos de nós tendem a ser ouvintes julgadores. Avaliamos o que ouvimos com base em nossa própria visão da situação e reagimos ao pronunciar um julgamento. E, então, ficamos surpresos com o fato de nosso cônjuge não querer conversar mais.

Para a maioria de nós, ouvir de maneira eficiente exige uma mudança significativa de atitude. Devemos deixar de ser ouvintes *egocêntricos* (enxergar a conversa através de nossos próprios olhos) e nos tornarmos ouvintes *empáticos* (enxergar a conversa através dos olhos de nosso parceiro). O objetivo é descobrir como nosso cônjuge percebe a situação e como ele se sente. O texto de Provérbios 18.15 iguala sabedoria a ouvir com atenção e a buscar conhecimento sobre nosso cônjuge. As palavras são uma chave que abre o coração da outra pessoa, e ouvir com a intenção de compreender melhora a troca de ideias.

Promessas de Deus

Quanto ao amor fraternal, não precisamos escrever-lhes, pois vocês mesmos já foram ensinados por Deus a se amarem uns aos outros.

1Tessalonicenses 4.9

Amados, amemos uns aos outros, pois o amor procede de Deus. Aquele que ama é nascido de Deus e conhece a Deus. Quem não ama não conhece a Deus, porque Deus é amor.

1João 4.7-8

Assim, permanecem agora estes três: a fé, a esperança e o amor. O maior deles, porém, é o amor.

1Coríntios 13.13

Ame e seja amado

A necessidade de amar e ser amado é a mais fundamental de todas as nossas necessidades. O desejo de amar está relacionado ao lado caridoso dos seres humanos. Nós nos sentimos bem em relação a nós mesmos quando amamos outra pessoa. No entanto, grande parte do nosso comportamento tem como motivação o desejo de *receber* amor. Nós nos sentimos amados quando estamos convencidos de que alguém se importa genuinamente com nosso bem-estar. O salmista reitera essa necessidade humana de nos sentirmos amados em Salmos 36.7, quando agradece a Deus por seu amor infalível. A metáfora em que o povo encontra refúgio no Senhor, como aves pequenas se protegem debaixo das asas de sua mãe, nos toca profundamente porque essa necessidade de ser cuidado é muito significativa.

Quando seu cônjuge reclama que você não lhe dedica tempo suficiente, ele está clamando por amor. Quando seu cônjuge diz "não faço nada certo", ele está implorando por palavras de afirmação. Discuta *sobre* o *comportamento* e você estimulará mais comportamento negativo. Olhe *além* desse comportamento para descobrir a necessidade emocional. Satisfaça essa necessidade e você eliminará o comportamento negativo. O amor procura satisfazer necessidades.

Promessas de Deus

"O meu mandamento é este: Amem-se uns aos outros como eu os amei."

João 15.12

Os maridos devem amar cada um a sua mulher como a seu próprio corpo. Quem ama sua mulher, ama a si mesmo.

Efésios 5.28

"Do mesmo modo vocês, maridos, sejam sábios no convívio com suas mulheres e tratem-nas com honra [...] tenham todos o mesmo modo de pensar, sejam compassivos, amem-se fraternalmente, sejam misericordiosos e humildes."

1Pedro 3.7-8

Aprenda uma nova linguagem

O que acontece se a linguagem do amor de seu cônjuge não for algo natural para você? Talvez a linguagem do amor dele seja o *toque físico* e você definitivamente não é alguém que aprecie o toque. Talvez a linguagem dela seja *tempo de qualidade*, mas sentar-se no sofá e conversar por vinte minutos talvez seja o seu pior pesadelo.

Diante disso, o que se deve fazer?

Você aprende a falar a linguagem do seu parceiro. Se isso não lhe for natural, o ato de aprender a nova linguagem é uma expressão de amor ainda maior, pois mostra esforço e disposição de aprender. Isso diz muito a seu cônjuge. Tenha em mente, também, que sua linguagem do amor talvez não seja algo natural para a pessoa amada. Ela também precisa trabalhar com igual afinco para falar a sua linguagem, à medida que você aprende a falar a dela. Isso é que é amor.

Jesus deixou claro que devemos amar uns aos outros como ele nos amou — e isso aconteceu com o mais alto grau de sacrifício. Poucos de nós são chamados a literalmente entregar a vida por outras pessoas, mas todos nós somos chamados a entregar a vida em pequenos aspectos a cada dia. Amar é doar. A decisão de expressar amor numa linguagem que seja significativa para seu cônjuge é um grande investimento que envolve tempo e energia.

Promessas de Deus

Ninguém deve buscar o seu próprio bem, mas sim o dos outros.

1Coríntios 10.24

Então Jesus disse aos seus discípulos: "Se alguém quiser acompanhar-me, negue-se a si mesmo, tome a sua cruz e siga-me".

Mateus 16.24

Irmãos, vocês foram chamados para a liberdade. Mas não usem a liberdade para dar ocasião à vontade da carne; ao contrário, sirvam uns aos outros mediante o amor.

Gálatas 5.13

O amor vence

A maioria dos conselheiros concorda que um dos maiores problemas no casamento é a tomada de decisões. Visões de democracia povoam a mente de muitos casais recém-casados, mas, quando existem apenas dois cidadãos votantes, a democracia costuma resultar num beco sem saída. De que maneira um casal pode sair desse beco? A resposta está em uma única palavra: *amor*.

O amor sempre faz a pergunta "o que é melhor para você?". Como Paulo escreve em 1Coríntios, os cristãos precisam ter como preocupação básica aquilo que é benéfico para os outros, em vez de pensar simplesmente naquilo que vai ajudar ou agradar a si mesmos. O amor não exige que as coisas sejam do seu jeito. O amor busca trazer alegria à pessoa amada.

É por isso que os cristãos devem ter menos problemas para tomar decisões do que os não cristãos. Somos chamados a amar. Quando amar minha esposa, não buscarei sobrepor minha vontade à vontade dela por motivos egoístas. Em vez disso, considerarei quais são os melhores interesses dela.

Promessas de Deus

Sujeitem-se uns aos outros, por temor a Cristo. Mulheres, sujeite-se cada uma a seu marido, como ao Senhor [...]. Maridos, ame cada um a sua mulher, assim como Cristo amou a igreja e entregou-se por ela.

Efésios 5.21-22,25

Quero, porém, que entendam que o cabeça de todo homem é Cristo, e o cabeça da mulher é o homem, e o cabeça de Cristo é Deus.

1Coríntios 11.3

"Escolham hoje a quem irão servir [...]. Mas, eu e a minha família serviremos ao SENHOR.*"*

Josué 24.15

Para sua aprovação

Muitas esposas estremecem ao ouvir o pastor dizer: "Abram sua Bíblia em Efésios 5.22". Elas sabem que esse é o versículo que diz: "Mulheres, sujeite-se cada uma a seu marido, como ao Senhor". "Mas o senhor não conhece o meu marido", elas pensam. Às vezes imagino que Deus responde: "E você não sabe o que é submissão". Submissão não é um mandamento que se aplica apenas às mulheres. De fato, Efésios 5.21 nos instrui a que nos submetamos "uns aos outros" por amor a Cristo.

Tanto a instrução aos maridos sobre o amor quanto a instrução às esposas sobre se submeterem chamam a uma atitude de serviço. Submissão não quer dizer que a esposa deve ser a única a doar. O marido deve dar sua vida por ela. Também não significa que a mulher não possa expressar suas ideias. O objetivo da instrução de Paulo é a unidade, o que exige que ambos tenham uma atitude de serviço.

Promessas de Deus

Tratem a todos com o devido respeito: amem os irmãos.

1Pedro 2.17

"Em tudo, façam aos outros o que vocês querem que eles lhes façam."

Mateus 7.12

Mas [haverá] glória, honra e paz para todo o que pratica o bem.

Romanos 2.10

Fale comigo!

Já ouvi muitas pessoas dizerem: "Meu marido/mulher não conversa comigo". Se isso descreve seu casamento, a pergunta é: por quê? Uma razão pela qual os cônjuges se calam é a existência de padrões negativos de comunicação. Veja a seguir algumas perguntas que o ajudarão a pensar sobre seus padrões. Analise se você é visto como uma pessoa negativa ou como alguém que reclama.

- Escuto meu cônjuge quando ele fala, ou o interrompo e reajo?
- Dou espaço à minha companheira quando ela precisa, ou insisto na comunicação, mesmo naqueles momentos em que ela precisa ficar sozinha?
- Guardo confidências, ou revelo nossas conversas particulares a outras pessoas?
- Compartilho abertamente minhas necessidades e desejos na forma de pedidos, em vez de expressá-los como exigências?
- Dou ao meu cônjuge liberdade para ter opiniões diferentes das minhas, ou sou rápido em "colocá-lo no devido lugar"?

Se sua resposta foi sim para a segunda parte de qualquer uma dessas perguntas, talvez seja a hora de mudar seus padrões de comunicação. Tudo está relacionado a tratar seu cônjuge (e todos os cristãos) com respeito e amor, conforme a orientação de 1Pedro 2.17.

Promessas de Deus

*Cada um examine os próprios atos, e
então poderá orgulhar-se de si mesmo,
sem se comparar com ninguém [...].*

Gálatas 6.5, AM

*Se confessarmos os nossos pecados, ele é
fiel e justo para perdoar os nossos pecados
e nos purificar de toda injustiça.*

1João 1.9

*Empenhem-se para acrescentar à sua
fé a virtude; à virtude o conhecimento;
ao conhecimento o domínio próprio;
ao domínio próprio a perseverança;
à perseverança a piedade.*

2Pedro 1.5-6

Não jogue o jogo da culpa

Por que somos tão rápidos em colocar a culpa na pessoa amada quando as coisas não estão indo bem no relacionamento? Infelizmente, isso é da natureza humana, desde Adão e Eva. Mas o texto de Gálatas 6.5 nos lembra de que somos responsáveis pelas nossas escolhas e comportamento, e isso inclui a parte que nos cabe num relacionamento.

Posso sugerir uma abordagem melhor? Tente os seguintes passos:

1. Percebo que meu casamento não é aquilo que deveria ser.
2. Paro de culpar meu companheiro e peço a Deus que me mostre onde estou em falta.
3. Confesso meu pecado e aceito o perdão de Deus, de acordo com 1Joao 1.9.
4. Peço a Deus que me encha com seu Espírito e me dê o poder para fazer mudanças construtivas em minha vida.
5. Vou até meu cônjuge, confesso minhas falhas e peço perdão.
6. No poder de Deus, prossigo para mudar meu comportamento, minhas palavras e atitudes, de acordo com os princípios que encontro nas Escrituras.

Esse é o plano de Deus, e ele funciona. Culpar o outro estimula o ressentimento e o antagonismo. Admitir os próprios erros e deixar que Deus mude seu comportamento cria um clima novo e positivo em seu casamento. É o caminho para um casamento cada vez melhor.

Promessas de Deus

A resposta calma desvia a fúria, mas a palavra ríspida desperta a ira.

Provérbios 15.1

Mas o fruto do Espírito é amor, alegria, paz, paciência, amabilidade, bondade, fidelidade, mansidão e domínio próprio.

Gálatas 5.22-23

Ninguém o despreze pelo fato de você ser jovem, mas seja um exemplo para os fiéis na palavra, no procedimento, no amor, na fé e na pureza.

1Timóteo 4.12

Seja brando

Palavras positivas são ferramentas poderosas na construção de um casamento forte. Quando minha esposa me elogia em relação a alguma coisa, fico com vontade de fazer mais. Quando ela me critica, fico com vontade de me defender e de contra-atacar. Se você quiser ver seu cônjuge desabrochar, tente fazer um elogio por dia durante trinta dias, e veja o que acontece.

Você já notou que, quando fala suavemente, seu cônjuge parece se acalmar, e, quando fala de maneira áspera, seu cônjuge tende a falar mais alto? Influenciamos um ao outro não apenas pelo que dizemos, mas pelo modo como dizemos. Gritar é um comportamento aprendido, e ele pode ser desaprendido. Não precisamos gritar um com o outro. O texto de Provérbios 15.1 nos diz aquilo que já sabemos instintivamente: palavras ríspidas levam a mais ira, mas palavras amáveis podem mudar a situação. Tudo se resume à maneira como falamos.

Se existe um problema que você precisa discutir com seu cônjuge, escreva o que você quer dizer. Coloque-se na frente de um espelho e faça a apresentação com um tom de voz suave. Então, peça a Deus que o ajude a usar o mesmo tom de voz quando conversar com seu cônjuge. Talvez você não seja perfeito na primeira vez, mas aprenderá a falar a verdade com amor e bondade.

Promessas de Deus

Do fruto da boca enche-se o estômago do homem; o produto dos lábios o satisfaz. A língua tem poder sobre a vida e sobre a morte.

Provérbios 18.20-21

Mesmo onde há ouro e rubis em grande quantidade, os lábios que transmitem conhecimento são uma rara preciosidade.

Provérbios 20.15

Nenhuma palavra torpe saia da boca de vocês, mas apenas a que for útil para edificar os outros, conforme a necessidade, para que conceda graça aos que a ouvem.

Efésios 4.29

A bondade como munição

O provérbio é verdadeiro: "A língua tem poder sobre a vida e sobre a morte". Você pode destruir o espírito do seu cônjuge com palavras negativas, mas também pode conceder vida por meio de palavras positivas. Palavras encorajadoras devem ser a norma no seu casamento. Você não pode pensar no encorajamento como um extintor de incêndio, usando-o apenas quando for necessário, para, em seguida, colocá-lo de lado de novo. O encorajamento precisa ser um modo de vida.

Palavras encorajadoras surgem de uma atitude bondosa. Quando opto por ser bondoso para com meu cônjuge, por procurar nele qualidades positivas e por fazer coisas que facilitarão a vida dele, então palavras positivas começam a aparecer em meu vocabulário. Reclamações e comentários mordazes surgem de uma atitude negativa. Se eu me concentrar no pior que há no outro e pensar naquilo que ele poderia fazer por mim, então me torno negativo. Acabo por destruí-lo com minhas palavras negativas.

Quero incentivar você a conceder vida ao seu cônjuge ao optar pelas palavras positivas e de afirmação. A Bíblia nos diz que palavras sábias e úteis trazem satisfação. O texto de Provérbios 20.15 compara o valor das palavras sábias a ouro e a uma grande quantidade de rubis. O incentivo pode realizar maravilhas num relacionamento. Procure algo bom em seu cônjuge e expresse sua estima. Faça isso hoje — e todos os dias.

Promessas de Deus

Nenhuma palavra torpe saia da boca de vocês.

Efésios 4.29

Irmãos, não falem mal uns dos outros.

Tiago 4.11

Sonda-me, ó Deus, e conhece o meu coração; prova-me, e conhece as minhas inquietações. Vê se em minha conduta algo te ofende, e dirige-me pelo caminho eterno.

Salmos 139.23-24

Não complique

Ninguém é um encorajador inato, por isso quero dar-lhe algumas ideias práticas sobre como aumentar o poder das palavras. Primeiro, *não complique*. Algumas pessoas acreditam que, para encorajar o outro, precisam usar palavras rebuscadas. Às vezes chamo isso de preciosismo. É melhor usar palavras simples e diretas que representem quem você é. Seu cônjuge gostará de seu esforço genuíno de expressar encorajamento.

Segundo, *seja sincero no que diz*. Afirmar não significa mentir ou exagerar para fazer seu cônjuge se sentir melhor em relação a si mesmo. Se você não for sincero, saberá e seu cônjuge também; então, qual o propósito dessa atitude? Melhor fazer um pequeno elogio sincero do que um longo discurso inconsistente.

Terceiro, *mantenha o foco no seu cônjuge, não em você*. Se o seu cônjuge tende a devolver um elogio dizendo "ah, você é muito melhor do que eu nesta área", retribua gentilmente o elogio. O processo de afirmação não envolve você, mas a outra pessoa.

A Bíblia deixa claro que os cristãos devem encorajar uns aos outros. O texto de Efésios 4.29 nos apresenta um desafio significativo: dizer apenas coisas boas e úteis, de modo que os outros possam ser encorajados. Agir assim com seu cônjuge trará otimismo e bênção ao casamento.

Promessas de Deus

Dediquem-se uns aos outros com amor fraternal. Prefiram dar honra aos outros mais do que a si próprios.

Romanos 12.10

Não que eu já tenha obtido tudo isso ou tenha sido aperfeiçoado, mas prossigo para alcançá-lo, pois para isso também fui alcançado por Cristo Jesus. Irmãos, não penso que eu mesmo já o tenha alcançado, mas uma coisa faço: esquecendo-me das coisas que ficaram para trás e avançando para as que estão adiante, prossigo para o alvo, a fim de ganhar o prêmio do chamado celestial de Deus em Cristo Jesus.

Filipenses 3.12-14

Agora que vocês purificaram a sua vida pela obediência à verdade, visando ao amor fraternal e sincero, amem sinceramente uns aos outros e de todo o coração.

1Pedro 1.22

O foco é sempre no outro

Tenho observado que muitos maridos simplesmente não entendem as necessidades da esposa. Alguns acreditam que, se mantiverem um emprego fixo e trouxerem um salário decente para casa, terão cumprido seu papel de marido. Eles têm pouco entendimento sobre as necessidades emocionais e sociais da esposa. Consequentemente, não fazem esforço para satisfazer essas necessidades.

Mas também tenho observado que muitas esposas não entendem as necessidades do marido. Algumas esposas acreditam que, se cuidarem das crianças e trabalharem com o marido para manter a comida na mesa e a casa com alguma aparência de ordem, estarão sendo boas esposas. Elas têm pouco entendimento das necessidades do marido no que diz respeito à admiração e afeição.

Frequentemente, trata-se apenas de uma questão de foco. Por que será que, quando estamos namorando, dedicamos tanto tempo e atenção um ao outro, mas depois de alguns anos de casamento o foco se desloca para qualquer outra coisa? O fato é que precisamos desesperadamente um do outro. A Bíblia nos chama não apenas para amar um ao outro, mas para que também encontremos satisfação nisso! Quero lhe fazer um convite: que volte o foco de sua atenção ao seu cônjuge.

Promessas de Deus

Olhe sempre para a frente, mantenha o olhar fixo no que está adiante de você. Veja bem por onde anda, e os seus passos serão seguros. Não se desvie nem para a direita nem para a esquerda; afaste os seus pés da maldade.

Provérbios 4.25-27

"Mas bendito é o homem cuja confiança está no SENHOR, *cuja confiança nele está. Ele será como uma árvore plantada junto às águas e que estende as suas raízes para o ribeiro. Ela não temerá quando chegar o calor, porque as suas folhas estão sempre verdes; não ficará ansiosa no ano da seca nem deixará de dar fruto."*

Jeremias 17.7-8

Apeguemo-nos com firmeza à esperança que professamos, pois aquele que prometeu é fiel.

Hebreus 10.23

Reserve um tempo para o amor

Não é irônico que, apesar de todos os "economizadores de tempo" propiciados pela tecnologia moderna, parece que temos cada vez menos tempo um para o outro? Micro-ondas, controle remoto, lava-louças e computadores deveriam nos poupar um tempo valioso. Mas o que aconteceu com esse tempo extra? Aparentemente, foi devorado por outras atividades. Mas podemos reconquistar um tanto desse tempo para nosso casamento *se* estabelecermos objetivos e reservarmos um tempo para alcançá-los.

O capítulo 4 de Provérbios mostra o conselho do rei Salomão para alcançar objetivos. Em essência, tudo se resume a saber aonde você está indo, estabelecer uma rota direta para chegar lá e não se desviar. Essa é a abordagem que precisamos assumir se desejamos alcançar nossos objetivos para o casamento.

Como obter tempo? Eliminando algumas das coisas boas que estamos fazendo para que tenhamos tempo para as melhores. O sentido da vida não é encontrado em dinheiro, esportes, compras, sucesso acadêmico ou realizações profissionais, por melhores que sejam. Ele é encontrado nos relacionamentos — primeiro com Deus e depois com as pessoas. Se você é casado, nada é mais importante do que seu relacionamento conjugal. É a estrutura na qual Deus deseja que você invista sua vida e experimente seu amor. O marido recebe a ordem de "amar" sua esposa, e ela é instruída a "honrar" seu marido. Que melhor maneira de amar e honrar do que reservar tempo um para o outro?

Promessas de Deus

"Deem, e lhes será dado: uma boa medida, calcada, sacudida e transbordante será dada a vocês. Pois a medida que usarem também será usada para medir vocês."

Lucas 6.38

"Há maior felicidade em dar do que em receber."

Atos 20.35

Atire o seu pão sobre as águas, e depois de muitos dias você tornará a encontrá-lo.

Eclesiastes 11.1

As coisas pequenas significam muito

Quando foi a última vez em que você deu um presente ao seu cônjuge? O que você deu? Se não conseguir responder a essas perguntas, então está na hora de presenteá-lo(a). Dar presentes é uma das cinco linguagens do amor fundamentais. Um presente para o seu cônjuge é uma prova visível de seus pensamentos amorosos.

Os presentes mais famosos da Bíblia sem dúvida são aqueles que foram ofertados pelos magos ao menino Jesus. Aqueles homens trouxeram presentes caros de ouro e especiarias raras e, ao fazê-lo, honraram a Jesus e demonstraram que acreditavam que ele era um rei. Tenho certeza de que Maria e José ficaram maravilhados diante daquelas coisas lindas e do amor por seu filho representado naqueles presentes.

O presente não precisa ser caro. Os rapazes podem conseguir flores de graça; é só irem até o jardim e colher uma. É isso o que seus filhos fazem. Não há flores no seu jardim? Tente o jardim do vizinho. Peça e ele lhe dará uma flor.

Contudo, se você tiver condições de comprar presentes, não dê flores do jardim. Por que não investir um pouco de dinheiro em seu casamento? Dê ao seu cônjuge algo que você sabe que será apreciado. Se você não tiver certeza, pergunte! Explique que você quer fazer algo bem legal e peça uma lista de coisas que seu cônjuge gostaria de ter. Essa informação é valiosa. Use-a para incrementar seu relacionamento.

Promessas de Deus

Seja a atitude de vocês a mesma de Cristo Jesus, que, embora sendo Deus, não considerou que o ser igual a Deus era algo a que devia apegar-se; mas esvaziou-se a si mesmo, vindo a ser servo, tornando-se semelhante aos homens. E, sendo encontrado em forma humana, humilhou-se a si mesmo e foi obediente até a morte, e morte de cruz!

Filipenses 2.5-8

Alegrem-se sempre no Senhor [...]. Não andem ansiosos por coisa alguma, mas em tudo, pela oração e súplicas, e com ação de graças, apresentem seus pedidos a Deus.

Filipenses 4.4,6

Ora, a fé é a certeza daquilo que esperamos e a prova das coisas que não vemos.

Hebreus 11.1

Tudo tem a ver com atitude

De que maneira seu relacionamento com Deus afeta seu casamento? Profundamente!

Por natureza, sou egocêntrico. Levo essa postura para dentro do meu casamento. Assim, quando as coisas não saem do meu jeito, discuto ou me aborreço. Isso não leva a um casamento melhor. Minha atitude deve mudar, e é aqui que Deus entra em cena. Ele é especialista em mudança de atitudes.

O apóstolo Paulo diz: "Seja a atitude de vocês a mesma de Cristo Jesus". Qual foi a atitude dele? Ele se dispôs a sair do céu e vir à terra para se identificar conosco — algo que pode ser traduzido por "tornou-se nada". Assim que se tornou homem, ele se dispôs a descer ainda mais, vindo a morrer por nós. A atitude de Jesus é, em primeiro lugar, uma atitude de amor sacrificial e de serviço. Se essa atitude estiver presente em mim, meu casamento vai se desenvolver.

Minha pesquisa mostrou que nenhuma esposa na história do meu país matou o marido enquanto ele estava lavando a louça. Nenhuma! É claro que isso é uma brincadeira, mas deve nos dizer alguma coisa.

Desenvolver essa atitude de serviço pode parecer impossível, mas não é. Nunca subestime o poder de Deus para transformar um indivíduo que esteja disposto.

Promessas de Deus

"Se vocês permanecerem firmes na minha palavra, verdadeiramente serão meus discípulos. E conhecerão a verdade, e a verdade os libertará."

João 8.31-32

Oro para que, com as suas gloriosas riquezas, ele os fortaleça no íntimo do seu ser com poder, por meio do seu Espírito, para que Cristo habite no coração de vocês mediante a fé.

Efésios 3.16-17

Tudo posso naquele que me fortalece.

Filipenses 4.13

Elimine o negativo

A maneira como você enxerga a si mesmo causa um grande impacto sobre seu casamento. Algumas pessoas cresceram se considerando um fracasso. Essa percepção as mantém presas. A atitude delas é: "Por que tentar? Vou fracassar mesmo". Quando essas pessoas se apaixonam e se casam, elas carregam essa percepção distorcida de si mesmas para o casamento.

Posso lhe dizer que o cônjuge dessa pessoa será alguém bastante frustrado. É comum que uma pessoa que se veja como um fracasso venha a esperar que o cônjuge a levante, mas não leva muito tempo até que o cônjuge descubra que seus esforços são fúteis.

Se você reconhecer que tem uma percepção distorcida de si mesmo, por favor, entenda que seu cônjuge não pode mudar a maneira como você vê a si mesmo. Só você pode fazer isso.

Sendo assim, por onde você começa? Jesus diz, no capítulo 8 do evangelho de João, que a verdade vai libertar você — libertar do pecado e dos padrões errados de pensamento. Qual é a verdade sobre você, de acordo com a Palavra de Deus? Você foi feito à imagem de Deus, é altamente valorizado por ele e especialmente dotado para servir no reino dele.

Creia na verdade sobre você. Descubra suas habilidades e entregue-as a Deus. Ele fará de você um sucesso. A partir do momento em que fizer isso, você libertará seu cônjuge da luta contra o modo como você enxerga a si mesmo — e você também se libertará do pensamento negativo.

Promessas de Deus

Não se amoldem ao padrão deste mundo, mas transformem-se pela renovação da sua mente.

Romanos 12.2

Ninguém o despreze pelo fato de você ser jovem, mas seja um exemplo para os fiéis na palavra, no procedimento, no amor, na fé e na pureza.

1Timóteo 4.12

Como servos de Deus, recomendamo-nos de todas as formas: em muita perseverança; em sofrimentos, privações e tristezas.

2Coríntios 6.4

Nunca é tarde para mudar

Como você descreveria a si mesmo? Como você descreveria seu cônjuge? Você é otimista ou pessimista? Faz críticas ou gosta de elogiar? Seu cônjuge é extrovertido ou introvertido? Paciente ou impaciente? A maneira como você vê a si mesmo e o modo como você vê seu cônjuge farão diferença em seu comportamento e, consequentemente, em seu casamento.

Infelizmente, fomos levados a crer que esses traços são fixados e solidificados aos 5 ou 6 anos de idade e que não podemos mudá-los. A boa notícia é que não precisamos ser controlados por essas percepções. A mensagem da Bíblia é que nós *podemos* mudar com a ajuda de Deus. O texto de Romanos 12.2 esclarece que, se estivermos dispostos, Deus nos transformará. Ele pode nos mudar no nível do coração, alterando nossa maneira de pensar.

Se você se vê como uma pessoa negativa e crítica, pratique a arte de fazer elogios. Você pode começar fazendo um elogio *a si mesmo*. Descubra algo que você faz bem e, então, pare por tempo suficiente para dizer "ei, fiz um bom trabalho aqui". Se você fizer um elogio por dia a si mesmo, não vai demorar muito tempo até que mude a percepção que tem de si mesmo. Faça o mesmo em relação ao seu cônjuge e note como ele também se colocará à altura dos seus elogios.

Você pode mudar a percepção que tem de si mesmo e a maneira como interage com seu cônjuge — e tudo isso para melhor.

Promessas de Deus

Em amor nos predestinou para sermos adotados como filhos, por meio de Jesus Cristo, conforme o bom propósito da sua vontade [...]. Quando vocês ouviram e creram na palavra da verdade, o evangelho que os salvou, vocês foram selados em Cristo com o Espírito Santo da promessa.

Efésios 1.5,13

É melhor ter companhia do que estar sozinho, porque maior é a recompensa do trabalho de duas pessoas [...]. Um cordão de três dobras não se rompe com facilidade.

Eclesiastes 4.9,12

E consideremos uns aos outros para nos incentivarmos ao amor e às boas obras.

Hebreus 10.24.

E-Q-U-I-P-E

Parece-me que, se pudéssemos entender melhor Deus, entenderíamos melhor o casamento. Você já notou como Deus Pai, Deus Filho e Deus Espírito Santo trabalham juntos como uma equipe? Leia o primeiro capítulo de Efésios e observe como o Pai planejou nossa salvação, o Filho derramou seu sangue para realizar nossa salvação e o Espírito Santo selou nossa salvação. Deus é um dentro do mistério da Trindade, e essa unidade é expressa na diversidade de papéis necessários para realizar um objetivo, que é a nossa salvação.

As Escrituras explicam que, no casamento, o marido e a esposa devem se tornar uma só carne. Contudo, essa unidade não significa que somos clones um do outro. Não, somos duas criaturas distintas que trabalham juntas como equipe para realizar um objetivo: a vontade de Deus para nossa vida. Em coisas triviais, como lavar as roupas e varrer o chão, ou em coisas grandiosas, como ser voluntário na distribuição de comida a sem-teto ou na liderança de um estudo bíblico, nós complementamos um ao outro. O marido que cuida dos filhos enquanto a esposa lidera um estudo bíblico estabelece parceria com ela no ministério. De fato, dois se tornam um quando trabalham juntos como equipe.

Promessas de Deus

Depois disso, [Jesus] derramou água numa bacia e começou a lavar os pés dos seus discípulos, enxugando-os com a toalha que estava em sua cintura [...]. [Ele disse:] "Pois bem, se eu, sendo Senhor e Mestre de vocês, lavei-lhes os pés, vocês também devem lavar os pés uns dos outros. Eu lhes dei o exemplo, para que vocês façam como lhes fiz".

João 13.5,14-15

Exortamos vocês, irmãos, a que advirtam os ociosos, confortem os desanimados, auxiliem os fracos, sejam pacientes para com todos.

1Tessalonicenses 5.14

Cada um exerça o dom que recebeu para servir os outros.

1Pedro 4.10

A marca de um grande casamento

Em todas as vocações, os que se sobressaem são aqueles que têm um desejo genuíno de servir aos outros. Os médicos mais notáveis consideram sua vocação um chamado para servir ao doente e ao enfermo. Os políticos verdadeiramente nobres veem a si mesmos como "servidores públicos", no verdadeiro sentido da palavra. Os maiores educadores procuram ajudar os alunos a alcançar seu pleno potencial.

Não é diferente dentro da família. Um excelente marido é um homem que ajuda a esposa a realizar seus objetivos e tem clareza desse papel. E uma grande esposa é uma mulher que se doa para que seu marido seja bem-sucedido. Ao dar a vida um ao outro, ambos se tornam vencedores.

Agarrar-se aos seus direitos e exigir que seu cônjuge lhe sirva é exatamente o oposto do que a Bíblia ensina. As Escrituras dizem: "Deem, e lhes será dado" (Lc 6.38), e não "Exijam, e as pessoas farão o que vocês exigem". A verdade é que a maioria das pessoas não reage bem a exigências, mas poucas pessoas rejeitarão o serviço feito com amor. O serviço segue o exemplo de Jesus e constitui o marco da grandeza.

Promessas de Deus

O casamento deve ser honrado por todos; o leito conjugal, conservado puro.

Hebreus 13.4

Maridos, ame cada um a sua mulher, assim como Cristo amou a igreja e entregou-se por ela para santificá-la, tendo-a purificado pelo lavar da água mediante a palavra, e para apresentá-la a si mesmo como igreja gloriosa, sem mancha nem ruga ou coisa semelhante, mas santa e inculpável. Da mesma forma, os maridos devem amar cada um a sua mulher como a seu próprio corpo. Quem ama sua mulher, ama a si mesmo. Além do mais, ninguém jamais odiou o seu próprio corpo, antes o alimenta e dele cuida, como também Cristo faz com a igreja.

Efésios 5.25-29

Os que pertencem a Cristo Jesus crucificaram a carne, com as suas paixões e os seus desejos.

Gálatas 5.24

2 = 1

Gênesis diz que, quando um marido e uma esposa têm uma relação sexual, eles se tornam "uma só carne" (Gn 2.24). Em outras palavras, a vida de cada um deles é unida à do outro. O sexo é o ato consumador do casamento. Temos uma cerimônia pública de casamento e uma consumação particular do compromisso público. O ato sexual é a expressão física da união interior de duas vidas.

Nas antigas Escrituras hebraicas e nos textos do Novo Testamento o ato sexual é sempre considerado algo exclusivo do casamento. Não se trata de uma condenação arbitrária do sexo fora do casamento, mas simplesmente um esforço para ser fiel à natureza do ato sexual. Um vínculo tão profundo é impróprio fora de um compromisso amoroso e duradouro entre marido e esposa. O autor de Hebreus fala sobre manter o leito conjugal puro — em outras palavras, manter o ato sexual como algo especial que acontece apenas entre o marido e a esposa.

O sexo não é simplesmente uma questão de unir dois corpos que foram criados de maneira singular um para o outro. Ele também envolve vínculo intelectual, emocional, social e espiritual. O sexo foi ideia de Deus, e o casamento é o contexto no qual ele encontra seu significado supremo.

Promessas de Deus

Entregue suas preocupações ao
Senhor, e ele o susterá; jamais
permitirá que o justo venha a cair.

Salmos 55.22

Não andem ansiosos por coisa alguma, mas em tudo, pela oração e súplicas, e com ação de graças, apresentem seus pedidos a Deus. E a paz de Deus, que excede todo o entendimento, guardará o coração e a mente de vocês em Cristo Jesus. Finalmente, irmãos, tudo o que for verdadeiro, tudo o que for nobre, tudo o que for correto, tudo o que for puro, tudo o que for amável, tudo o que for de boa fama, se houver algo de excelente ou digno de louvor, pensem nessas coisas.

Filipenses 4.6-8

Entregue o seu caminho ao Senhor;
confie nele, e ele agirá.

Salmos 37.5

O Princípio 4.8

Tentar manter uma atitude positiva não é ideia nova. Ela é encontrada no texto que o apóstolo Paulo escreveu no século 1 de nossa era. Ele incentivou a igreja em Filipos a orar pelos problemas, em vez de se preocupar com eles. Por quê? Porque a preocupação leva à ansiedade e à negatividade, enquanto a oração leva à paz e a uma perspectiva mais positiva. Então Paulo revelou a chave para se ter uma atitude mais positiva: pensar nas coisas positivas, coisas que são chamadas por ele de algo "excelente ou digno de louvor" (cf. Fp 4.8).

Somos responsáveis pela maneira como pensamos. Até mesmo na pior situação conjugal, escolhemos nossa atitude. Manter uma atitude positiva requer oração. Como Paulo disse, podemos levar nossos pedidos a Deus. Podemos dizer-lhe do que precisamos e sermos gratos pelo que ele já fez. Deus sempre fará o que pedimos? Não, mas o que realmente acontece é que, à medida que nos livramos da preocupação e expressamos gratidão, a paz de Deus desce sobre nossa mente e nosso coração. Deus acalma nossas emoções e direciona nossos pensamentos.

Quando estivermos enfrentando dificuldades em determinado aspecto do casamento, tentemos desenvolver uma perspectiva mais otimista. Com uma atitude positiva, nós nos tornamos parte da solução, deixando de ser parte do problema.

Promessas de Deus

Não deixo de dar graças por vocês, mencionando-os em minhas orações. Peço que o Deus de nosso Senhor Jesus Cristo, o glorioso Pai, lhes dê espírito de sabedoria e de revelação, no pleno conhecimento dele.

Efésios 1.16-17

Portanto, eu lhes digo: Tudo o que vocês pedirem em oração, creiam que já o receberam, e assim lhes sucederá.

Marcos 11.24

Esta é a confiança que temos ao nos aproximarmos de Deus: se pedirmos alguma coisa de acordo com a vontade de Deus, ele nos ouvirá. E se sabemos que ele nos ouve em tudo o que pedimos, sabemos que temos o que dele pedimos.

1João 5.14-15

O casal que ora junto

Martinho Lutero disse: "Assim como o negócio do alfaiate é fazer roupas e o do sapateiro é consertar sapatos, o negócio dos cristãos é orar". A intercessão é um ministério que não requer nenhum dom espiritual. Todos os cristãos estão preparados para orar.

A oração intercessora não é apenas um ministério, mas uma responsabilidade. O profeta Samuel disse aos israelitas: "Longe de mim esteja pecar contra o SENHOR, deixando de orar por vocês" (1Sm 12.23). O apóstolo Paulo começou muitas de suas epístolas comunicando aos seus leitores quão frequentemente orava por eles. Oração é um dos meios que Deus escolheu para permitir que cooperemos com ele na realização do trabalho. É um ministério que marido e esposa podem realizar juntos. Eles podem orar um pelo outro, assim como por seus filhos, seus pais, seu pastor e sua igreja, por outros ministérios e por missões mundiais.

Se você não tem um tempo diário de oração com seu cônjuge, por que não começar hoje? Peça ao seu cônjuge que passe cinco minutos orando com você. Se vocês não quiserem orar em voz alta, então orem silenciosamente. Dê o primeiro passo no aprendizado do ministério da oração intercessora.

Promessas de Deus

Do fruto da boca enche-se o estômago do homem; o produto dos lábios o satisfaz. A língua tem poder sobre a vida e sobre a morte.

Provérbios 18.20-21

Quanto ao mais, tenham todos o mesmo modo de pensar, sejam compassivos, amem-se fraternalmente, sejam misericordiosos e humildes.

1Pedro 3.8

Por isso, esforcemo-nos em promover tudo quanto conduz à paz e à edificação mútua.

Romanos 14.19

Você falou!

Lemos o seguinte em 1Coríntios 8.1: "O amor edifica". Portanto, se desejo amar, usarei palavras que edificam meu cônjuge. "Você fica bonita nesse vestido." "Obrigado por levar o lixo para fora." "Adorei o jantar. Obrigado pelo esforço." "Fiquei feliz por você levar o cachorro para passear na quinta-feira. Foi uma grande ajuda." Todas essas são expressões de amor.

Lemos em Provérbios 18.21 que "a língua tem poder sobre a vida e sobre a morte". As palavras são poderosas. Você pode destruir o espírito de seu cônjuge por meio de palavras negativas — palavras que menosprezam, desrespeitam ou envergonham. Você pode conceder vida por meio de palavras positivas — palavras que encorajam, afirmam ou fortalecem. Conversei com uma mulher há algum tempo, e ela reclamou que não lhe ocorria nada de bom para contar sobre o marido. Eu perguntei:

— Ele costuma tomar banho?

— Claro que sim — respondeu ela.

— Então comece por aí — disse eu. — Há muitos homens que não fazem isso.

Nunca conheci uma pessoa sobre a qual não houvesse nada de bom a ser dito. Quando você expressa uma qualidade, algo dentro dela quer ser melhor. Diga uma coisa boa, que conceda vida ao seu cônjuge hoje, e veja o que acontece.

Promessas de Deus

Filhinhos, não amemos de palavra nem
de boca, mas em ação e em verdade.

1João 3.18

O amor é paciente, o amor é bondoso. Não
inveja, não se vangloria, não se orgulha.
Não maltrata, não procura seus interesses,
não se ira facilmente, não guarda rancor.
O amor não se alegra com a injustiça,
mas se alegra com a verdade. Tudo sofre,
tudo crê, tudo espera, tudo suporta.

1Coríntios 13.4-7

"O meu mandamento é este: Amem-se
uns aos outros como eu os amei."

João 15.12

Simplesmente faça!

O apóstolo João escreve em 1João 3.18 que devemos demonstrar nosso amor uns pelos outros por meio de ações, não apenas de palavras. Pode ser fácil pronunciar palavras, mas nossa sinceridade é provada por meio daquilo que fazemos. *Faça* alguma coisa para mostrar seu amor.

O amor é bondoso, a Bíblia diz (1Co 13.4). Assim, para expressar seu amor, descubra alguma coisa bondosa e a realize. Pode ser presenteando-o de modo inesperado ou lavando o carro que ele dirige. Pode ser oferecendo-se para ficar em casa com as crianças enquanto ela vai fazer compras ou caminhar. Ou talvez passando para comprar o jantar a caminho de casa quando você sabe que ela teve um dia muito agitado. Há quanto tempo você não escreve uma carta de amor para ele(a)?

O amor é paciente (1Co 13.4). Portanto, pare de andar de um lado para outro enquanto sua esposa se arruma para sair. Sente-se, relaxe, leia sua Bíblia e ore. O amor também é cortês — essa palavra está ligada a "galanteio". Portanto, faça algumas das coisas que você fazia quando namoravam. Estenda a mão e toque o joelho dele ou segure a mão dela. Abra a porta para ela. Diga "por favor" e "obrigado". Seja educado. Expresse seu amor por meio dos seus atos.

Promessas de Deus

Ora, assim como o corpo é uma unidade, embora tenha muitos membros, e todos os membros, mesmo sendo muitos, formam um só corpo, assim também com respeito a Cristo.

1Coríntios 12.12

Tenham um só pensamento, vivam em paz. E o Deus de amor e paz estará com vocês.

2Coríntios 13.11

Suportem-se uns aos outros e perdoem as queixas que tiverem uns contra os outros. Perdoem como o Senhor lhes perdoou.

Colossenses 3.13

Diferenças conciliáveis

Quais são algumas das diferenças entre você e seu cônjuge? Se você é otimista, seu cônjuge pode ser pessimista. É comum que um seja calado e o outro, falante. Um tende a ser organizado, colocando cada coisa em seu lugar; o outro passa metade da vida procurando a chave do carro.

Depois de anos discutindo as diferenças, os casais tendem a concluir que são incompatíveis. De fato, a incompatibilidade — também chamada de "diferenças irreconciliáveis" — é citada frequentemente como causa do divórcio. Contudo, depois de trinta anos de aconselhamento a casais casados, estou convencido de que não há diferenças irreconciliáveis, mas apenas pessoas que se recusam a se reconciliar.

Na mente de Deus, nossas diferenças são planejadas para se complementarem, não para causar conflitos. O princípio é ilustrado pela igreja, conforme descrito pelo apóstolo Paulo em 1Coríntios 12. Cada membro do corpo desempenha um papel diferente, mas cada um deles é considerado parte importante. Os cristãos podem realizar muito mais quando trabalham como equipe. Por que não podemos fazer isso funcionar em nosso casamento? Tudo começa pela aceitação das diferenças como algo positivo, em vez de negativo. Por que não começar agradecendo a Deus pelo fato de você e seu cônjuge não serem exatamente iguais?

Promessas de Deus

Esforço-me para que [...] sejam fortalecidos em seu coração, estejam unidos em amor e alcancem toda a riqueza do pleno entendimento [...].

Colossenses 2.2

O Deus que concede perseverança e ânimo dê-lhes um espírito de unidade, segundo Cristo Jesus.

Romanos 15.5

O falar amável é árvore de vida.

Provérbios 15.4

Podemos conversar?

As Escrituras instruem marido e esposa a se tornarem "um". Devem compartilhar a vida de modo a ter um senso de unidade, de proximidade. O apóstolo Paulo declara esta visão aos cristãos: eles devem ser "unidos em amor" (Cl 2.2). Isso é fundamental para todos os cristãos e mais ainda para os companheiros conjugais.

Como você descreveria seu casamento?

- "Somos um time."
- "Conhecemos um ao outro."
- "Entendemos um ao outro."
- "Optamos por andar lado a lado."
- "Nossa vida está unida de maneira inseparável."
- "Somos um."

Essas são declarações de casais felizes, mas tal união não acontece caso não haja muita comunicação. A comunicação é uma via de mão dupla. Eu falo e você escuta; você fala e eu escuto. É esse processo simples que desenvolve a compreensão e a proximidade.

Quanto tempo você conversa com seu cônjuge por dia? Talvez seja hora de pensar em definir um momento de compartilhamento diário.

Promessas de Deus

"Parem de lutar! Saibam que eu sou Deus! Serei exaltado entre as nações, serei exaltado na terra."

Salmos 46.10

Como a corça anseia por águas correntes, a minha alma anseia por ti, ó Deus. A minha alma tem sede de Deus, do Deus vivo. Quando poderei entrar para apresentar-me a Deus?

Salmos 42.1-2

Aproximem-se de Deus, e ele se aproximará de vocês!

Tiago 4.8

Tempo para nós

Depois da criação de Adão e Eva, Deus disse que os dois deveriam se tornar um. Tornar-se "um" não significa perder a identidade pessoal. Nós preservamos nossa personalidade e ainda mantemos objetivos e ambições pessoais. Cada um de nós tem suas ocupações; marido e esposa típicos passam muitas horas por dia separados geograficamente. A "unidade" conjugal não é igualdade. Pelo contrário, é aquele sentimento interior que nos assegura que estamos "juntos" mesmo quando estamos separados.

Muitos casais descobriram que o segredo para crescer em unidade é definindo um tempo diário de compartilhamento. Muitas pessoas têm uma "hora tranquila" com Deus diariamente com o propósito de se aproximar dele. Como o autor do salmo 42 transmite com tanta beleza, quando temos um relacionamento forte com Deus, ansiamos por ele e desejamos ficar perto dele. O mesmo pode ser real em relação ao nosso cônjuge. Quanto mais tempo dedicarmos para passar juntos, mais importante isso se torna para nós.

Considere a ideia de um tempo diário de compartilhamento com seu cônjuge com o propósito de permanecerem perto um do outro. Reserve um tempo todos os dias para conversar e compartilhar seus pensamentos, emoções e preocupações. A conversa leva ao entendimento e à unidade.

Promessas de Deus

O Senhor é o seu protetor; como sombra que o protege, ele está à sua direita. De dia o sol não o ferirá, nem a lua, de noite.

Salmos 121.5-6

Senhor, tu me sondas e me conheces. Sabes quando me sento e quando me levanto; de longe percebes os meus pensamentos.

Salmos 139.1-2

"Semeiem a retidão para si, colham o fruto da lealdade."

Oseias 10.12

Três coisas

O salmo 139 esclarece que Deus conhece todos os nossos pensamentos e até mesmo nossas palavras antes mesmo de as pronunciarmos. O Senhor nos conhece — sem nenhum esforço — melhor do que nós mesmos. Mas é difícil para um homem e uma mulher conhecer um ao outro. Você sabe por que a comunicação é uma necessidade absoluta para podermos entender nosso cônjuge?

Não podemos conhecer os pensamentos, sentimentos ou desejos de nosso cônjuge a não ser que ele opte por nos contar e nós optemos por escutar. É por isso que um tempo diário de compartilhamento é tão importante num casamento. Não podemos desenvolver um senso de "proximidade" se não conversarmos regularmente um com o outro.

Um tempo diário de compartilhamento consiste num momento reservado, todos os dias, para falar e ouvir. Se você não souber ao certo sobre o que conversar, tente isto: "Conte-me três coisas que aconteceram na sua vida hoje e como você se sentiu em relação a cada uma delas". Podem começar com dez minutos e aumentar para trinta minutos ou mais. O segredo não é a duração, mas a constância. Nunca vi um casamento verdadeiramente bem-sucedido que não *dedicasse* tempo à conversa.

Promessas de Deus

Melhor é um pedaço de pão seco com paz e tranquilidade do que uma casa onde há banquetes, e muitas brigas.

Provérbios 17.1

Ao servo do Senhor não convém brigar mas, sim, ser amável para com todos, apto para ensinar, paciente. Deve corrigir com mansidão os que se lhe opõem, na esperança de que Deus lhes conceda o arrependimento, levando-os ao conhecimento da verdade.

2Timóteo 2.24-25

"Bem-aventurados os pacificadores, pois serão chamados filhos de Deus."

Mateus 5.9

Surpresa: as pessoas são humanas!

Você já se sentiu como se estivesse casado com um alienígena? No início do relacionamento, vocês achavam que eram bastante compatíveis. De fato, vocês concordavam em tudo. Talvez agora você pondere como é que conseguiram se unir, já que são tão diferentes. Bem-vindos ao mundo real. O fato é que você se casou com um ser humano, e humanos não pensam todos da mesma maneira nem sentem as mesmas coisas. Em resumo, todos os relacionamentos humanos incluem conflitos. O segredo é descobrir métodos construtivos para alcançar a resolução quando um conflito surge.

Para começar, nunca discuta discordâncias "no calor da situação". Em vez disso, reserve um tempo especificamente para a resolução de conflitos. Uma vez por semana, tenha uma "sessão de resolução de conflitos". No restante da semana, tente se concentrar em aspectos que cada um gosta no outro. Faça comentários positivos sobre seu cônjuge. Isso gera um clima sadio para discutir conflitos.

Ao reservar tempo para lidar com o conflito, você evita que sua casa concentre palavras de ira e frustração — uma situação que o rei Salomão considerava desagradável, como se constata em Provérbios 17.1. Ao abrir espaço para a paz, você trabalha seus conflitos um a um, sem destruir o relacionamento. Assim, a cada conflito resolvido, a proximidade entre você e a pessoa amada aumenta.

Promessas de Deus

*Levem os fardos pesados uns dos outros
e, assim, cumpram a lei de Cristo.*

Gálatas 6.2

*Portanto, confessem os seus pecados
uns aos outros e orem uns pelos
outros para serem curados.*

Tiago 5.16

*"Onde se reunirem dois ou três em meu
nome, ali eu estou no meio deles."*

Mateus 18.20

Abra o jogo

A maioria dos casais com quem converso gostaria de poder compartilhar mais livremente suas jornadas espirituais. Costumamos falar de intimidade emocional ou de intimidade sexual com nosso cônjuge, mas raramente falamos sobre intimidade espiritual. Contudo, isso afeta todas as outras áreas do relacionamento.

Assim como a intimidade emocional surge quando compartilhamos sentimentos, a intimidade espiritual surge quando compartilhamos nossa caminhada com Deus. Não precisamos ser gigantes espirituais para obter intimidade espiritual como casal, mas devemos estar dispostos a compartilhar um com o outro o lugar onde nos encontramos espiritualmente.

O marido que diz "não me sinto muito próximo de Deus hoje" pode não estimular muita alegria no coração de sua esposa, mas certamente abre a possibilidade de compartilhar com ela sua experiência espiritual. Se obtiver como resposta "abra o jogo", recebe um encorajamento de intimidade espiritual. Se, porém, ela disser "bem, se você não se sente perto de Deus hoje, adivinhe quem se afastou?", ela interrompe o fluxo e ele se afasta, sentindo-se condenado.

O apóstolo Paulo nos desafia a compartilhar os fardos, e eles costumam incluir sentimentos de dificuldade ou de secura espiritual. A intimidade espiritual dentro de um casamento exige disposição para ouvir sem fazer sermão.

Promessas de Deus

Que eu e vocês sejamos mutuamente encorajados pela fé.

Romanos 1.12

Seu marido tem plena confiança nela e nunca lhe falta coisa alguma. Ela só lhe faz o bem, e nunca o mal, todos os dias da sua vida.

Provérbios 31.11-12

Do mesmo modo vocês, maridos, sejam sábios no convívio com suas mulheres e tratem-nas com honra, como parte mais frágil e co-herdeiras do dom da graça da vida.

1Pedro 3.7

Conversa com Deus

Uma esposa me disse: "Gostaria que eu e meu marido conversássemos mais sobre assuntos espirituais. Ele parece disposto a conversar sobre qualquer outra coisa, mas, quando menciono igreja, Deus ou a Bíblia, ele se fecha e se afasta. Não sei o que fazer, mas é bastante frustrante". Que conselho você daria a essa esposa?

Veja o que eu disse: "Jamais pare de falar sobre assuntos espirituais. Seu relacionamento com Deus é a parte mais importante da sua vida. Se você não compartilhar esse aspecto que faz parte da sua vida, seu marido nunca saberá quem você é. Contudo, não espere que ele retribua nem lhe pregue um sermão, a não ser que ele peça. Simplesmente compartilhe o que Deus está fazendo em sua vida. Compartilhe um texto das Escrituras que ajudou você a tomar uma decisão ou que a incentivou quando você estava se sentindo por baixo.

"Quando você contar como é a sua vida espiritual, vai estimular a fome. Quando seu marido se sentir espiritualmente faminto, ele provavelmente desejará conversar algumas coisas com você. Nesse momento, a intimidade espiritual terá início."

Encorajar uns aos outros em nossa fé é um objetivo valioso. Até mesmo o apóstolo Paulo quis ser encorajado ao ver a fé que os cristãos romanos tinham. Quando alcançarmos o ponto de compartilhar nossos sucessos e lutas espirituais, nosso casamento será abençoado.

Promessas de Deus

"Vocês me procurarão e me acharão quando me procurarem de todo o coração. Eu me deixarei ser encontrado por vocês", declara o Senhor.

Jeremias 29.13-14

"Se acatarem a minha repreensão, eu lhes darei um espírito de sabedoria e lhes revelarei os meus pensamentos."

Provérbios 1.23

Meus amados irmãos, tenham isto em mente: Sejam todos prontos para ouvir, tardios para falar e tardios para irar-se.

Tiago 1.19

Pare. Olhe. Escute.

Quais são as recompensas por ouvir seu cônjuge? Escutar é a porta de entrada para o coração e a mente do seu cônjuge. Deus disse a Israel: "Porque sou eu que conheço os planos que tenho para vocês [...] planos de fazê-los prosperar e não de lhes causar dano, planos de dar-lhes esperança e um futuro" (Jr 29.11). Mas como Israel poderia saber o que estava no coração e na mente de Deus? Os versículos 13 e 14 deixam claro que eles descobririam o Senhor quando o buscassem de todo o coração. Deus queria que Israel conhecesse seus pensamentos, mas Israel precisava escutar.

O que você está fazendo para tentar saber quais são os pensamentos de seu cônjuge? Escutar é a chave para uma boa comunicação. Não condene seu cônjuge por não falar mais. Em vez disso, faça perguntas e, então, escute as respostas. Elas podem ser curtas no início, especialmente se ele não for de falar muito. Mas, assim que perceber que você está realmente interessado, ele terminará compartilhando os pensamentos. Receba os pensamentos de seu cônjuge como interessantes, desafiadores e fascinantes, e ele vai falar mais.

Ouvir Deus leva você para mais perto do coração dele. Ouvir seu cônjuge leva você ao mesmo tipo de intimidade.

Promessas de Deus

Uma esposa exemplar; feliz quem a encontrar! É muito mais valiosa que os rubis. Seu marido tem plena confiança nela e nunca lhe falta coisa alguma. Ela só lhe faz o bem, e nunca o mal, todos os dias da sua vida [...]. Fala com sabedoria e ensina com amor.

Provérbios 31.10-12,26

"Se algum de vocês estiver sem pecado, seja o primeiro a atirar pedra."

João 8.7

Mas quando, da parte de Deus, nosso Salvador, se manifestaram a bondade e o amor pelos homens, não por causa de atos de justiça por nós praticados, mas devido à sua misericórdia, ele nos salvou pelo lavar regenerador e renovador do Espírito Santo.

Tito 3.4-5

Entre no esquema

O que uma esposa deve fazer quando seu marido se recusa a "entrar no esquema"? Você já pediu muitas e muitas vezes que ele mudasse. Já lhe disse exatamente o que você quer, mas ele não se mexe. Diante disso, o que fazer?

Permita-me sugerir que você adote uma abordagem diferente. Comece com você mesma. Analise cuidadosamente seu próprio comportamento e pergunte a si mesma: "O que tenho feito que não deveria fazer? O que tenho dito que não deveria dizer?".

Depois, confesse essas coisas a Deus e a seu marido. Ainda que seu marido seja 95% do problema, o lugar por onde começar são os seus 5%. Afinal de contas, você *pode* mudar isso e, quando o fizer, seu casamento será 5% melhor.

Considere esta abordagem de uma esposa que tende a tratar seu marido como um empregado: "Foi injusto da minha parte pedir que você se livrasse daquele toco de árvore logo depois de você ter cortado a grama. Sei que já o sobrecarreguei de tarefas antes e peço desculpas por isso. Quero que você saiba que aprecio o trabalho que você fez esta manhã". Seja qual for a resposta inicial dele, ela acabou de mudar o clima de seu casamento.

Empenhe-se ao máximo para ser uma esposa que, como a famosa "mulher exemplar" de Provérbios 31, fala com sabedoria, bondade e faz o bem ao marido.

Promessas de Deus

Dediquem-se uns aos outros com amor fraternal. Prefiram dar honra aos outros mais do que a si próprios.

Romanos 12.10

Seja bendita a sua fonte! Alegre-se com a esposa da sua juventude. Gazela amorosa, corça graciosa [...] sempre o embriaguem os carinhos dela.

Provérbios 5.18-19

Sua boca é a própria doçura; ele é mui desejável. Esse é o meu amado, esse é o meu querido, ó mulheres de Jerusalém.

Cântico dos Cânticos 5.16

Deleitem-se um com o outro

O desejo pelo amor romântico está profundamente enraizado em nossa constituição psicológica. Quase todas as revistas populares apresentam pelo menos um artigo sobre como manter o amor vivo. Então, por que tão poucos casais parecem ter encontrado o segredo de um amor duradouro *depois* do casamento? Estou convencido de que isso se deve ao fato de nos concentramos em *receber* amor, em vez de *dar* amor.

Enquanto você estiver concentrado naquilo que seu cônjuge deveria fazer para você, será visto como condenador e crítico. Que tal adotar uma abordagem diferente, do tipo "o que posso fazer para ajudar *você*? Como posso facilitar *sua* vida? Como posso ser um cônjuge melhor?". Paulo escreve em Romanos 12 que, ao amarmos uns aos outros, devemos preferir "dar honra aos outros" mais do que a si próprios. Dar alguma coisa à pessoa a quem amamos não tem de ser um peso; se a afeição for genuína, dar e servir podem ser uma alegria. *Dar* amor manterá seu relacionamento vivo.

Promessas de Deus

Portanto, enquanto temos oportunidade, façamos o bem a todos, especialmente aos da família da fé.

Gálatas 6.10

"Assim brilhe a luz de vocês diante dos homens, para que vejam as suas boas obras e glorifiquem ao Pai de vocês, que está nos céus."

Mateus 5.16

Mas alguém dirá: "Você tem fé; eu tenho obras". Mostre-me a sua fé sem obras, e eu lhe mostrarei a minha fé pelas obras.

Tiago 2.18

Ao seu serviço

Para algumas pessoas, as ações falam mais alto do que as palavras. Atos de serviço constituem provavelmente a principal linguagem do amor principal dessas pessoas. É o que as faz sentirem-se amadas. A expressão *eu te amo* pode parecer rasa para essas pessoas se não forem acompanhadas por atos de serviço.

Cortar a grama, preparar uma refeição, lavar a louça, varrer o chão, tirar os cabelos da pia, remover as manchas do espelho, limpar o para-brisa do carro, levar o lixo para fora, trocar a fralda do bebê, pintar o quarto, tirar o pó da estante, lavar o carro, tirar o mato do jardim, recolher as folhas caídas, limpar as persianas, levar o cachorro para passear — atitudes assim comunicam amor à pessoa cuja principal linguagem do amor são atos de serviço. Em Gálatas, Paulo nos incentiva a aproveitar as oportunidades para fazer coisas boas e gentis a outros cristãos. Quanto mais podemos fazer pela pessoa amada?

Faça essas coisas e seu cônjuge se sentirá amado. Deixe de fazê-las e você poderá dizer "eu te amo" o dia inteiro e ainda assim ele não se sentirá amado. Se você deseja que seu cônjuge se sinta amado, você deve descobrir qual é a principal linguagem do amor dele e usá-la no dia a dia.

Promessas de Deus

Nenhuma palavra torpe saia da boca de vocês, mas apenas a que for útil para edificar os outros, conforme a necessidade, para que conceda graça aos que a ouvem.

Efésios 4.29

Não se recusem um ao outro, exceto por mútuo consentimento e durante certo tempo, para se dedicarem à oração.

1Coríntios 7.5

"Por essa razão, o homem deixará pai e mãe e se unirá à sua mulher, e eles se tornarão uma só carne."

Gênesis 2.24

Conversas na cama

Se existe uma habilidade mais importante do que qualquer outra para se alcançar união na área sexual, ela é a *comunicação*. Por que estamos sempre tão prontos a discutir todo o resto e tão reticentes para conversar abertamente sobre essa área do casamento?

Quando falamos sobre sexualidade, devemos nos esforçar para seguir o conselho do apóstolo Paulo e compartilhar palavras úteis e encorajadoras com o outro. A comunicação pode fazer uma enorme diferença no nível de satisfação sexual mútua.

Sua esposa nunca saberá quais são seus sentimentos, necessidades e desejos se você não os expressar. Seu marido nunca saberá o que lhe agrada se você não disser. Não conheço um casal que tenha alcançado satisfação sexual mútua sem que houvesse comunicação aberta sobre assuntos ligados ao sexo. Não há como trabalhar para solucionar um problema do qual não se tem conhecimento.

Vou compartilhar uma ideia prática que pode ajudar você a começar. No alto de uma folha de papel, escrevam a seguinte frase: "Estas são as coisas que eu gostaria que meu cônjuge fizesse (ou não fizesse) para que a área sexual de nosso casamento fosse melhor para mim". Escreva algumas ideias e, então, compartilhem a lista. A informação abre caminho para o crescimento. Lembrem-se de que o objetivo é tornar o sexo uma alegria mútua.

Promessas de Deus

"Mostre-me seu rosto, deixe-me ouvir sua voz;
pois a sua voz é suave e o seu rosto é lindo."

Cântico dos Cânticos 2.14

O casamento deve ser honrado por todos;
o leito conjugal, conservado puro.

Hebreus 13.4

Muitas mulheres são exemplares,
mas você a todas supera.

Provérbios 31.29

A alegria do sexo

Por que o sexo é uma parte tão importante do casamento? Somos criaturas sexuais de acordo com o projeto de Deus. O propósito mais óbvio da sexualidade é a reprodução, mas não é o único.

Um segundo propósito é o companheirismo. Deus disse a Adão: "Não é bom que o homem esteja só" (Gn 2.18). Como resposta, Deus criou Eva e a instituição do casamento, sobre o qual as Escrituras informam: "Eles se tornarão uma só carne" (Gn 2.24). Isso é verdadeiro tanto literal quanto metaforicamente. No relacionamento sexual, nós nos unimos ao outro. É o oposto de estar sozinho. É intimidade profunda, companheirismo profundo.

Um terceiro propósito do sexo é o prazer. Cântico dos Cânticos está repleto de esclarecimentos a respeito do prazer de se relacionar sexualmente dentro do casamento. As frases descritivas podem ser estranhas à nossa cultura (um homem ocidental dificilmente compararia os dentes de sua esposa aos de ovelhas, por exemplo), mas a intenção é clara: masculinidade e feminilidade devem ser desfrutadas pelos parceiros conjugais.

O sexo não foi planejado para ser esquecido depois dos primeiros anos do casamento. O desejo de Deus é que encontremos o amor sexual desfrutemos dele durante toda a vida de casados.

Promessas de Deus

Do mesmo modo vocês, maridos, sejam sábios no convívio com suas mulheres e tratem-nas com honra.

1Pedro 3.7

Não se recusem um ao outro, exceto por mútuo consentimento e durante certo tempo, para se dedicarem à oração.

1Coríntios 7.5

Beba das águas da sua cisterna, das águas que brotam do seu próprio poço.

Provérbios 5.15

Ame e seja amado

Sempre que a palavra *intimidade* é mencionada, muitos maridos pensam imediatamente em sexo, mas sexo não pode ser separado da intimidade intelectual e emocional. A falha em reconhecer essa realidade leva à frustração conjugal.

Se a mulher não se sente à vontade para expressar suas ideias ou, quando as expressa, sente que o marido não as respeita, dizendo que são tolas, ela poderá ter pouco interesse na intimidade sexual. Os sentimentos de condenação e rejeição impedem que ela seja sexualmente responsiva.

Se a esposa não se sente amada pelo marido, mais uma vez a distância emocional se traduz como barreira à intimidade sexual. Um marido que ignora essas realidades ficará frustrado com a falta de interesse sexual da esposa. O problema, no entanto, não é a falta de interesse, mas as barreiras emocionais que existem entre os dois.

O apóstolo Pedro encoraja os homens a honrar a esposa e a tratá-la com compreensão e consideração. Os homens devem assumir essa postura sobretudo porque Deus ordenou, mas a verdade é que isso lhes é benéfico também. O marido sábio tentará criar um clima no qual a esposa se sinta aceita e amada como pessoa. Ao fazer isso, ele abre a porta para a intimidade sexual.

Promessas de Deus

*Portanto, cada um de vocês também ame
a sua mulher como a si mesmo, e a mulher
trate o marido com todo o respeito.*

Efésios 5.33

*O justo pensa bem antes de responder,
mas a boca dos ímpios jorra o mal.*

Provérbios 15.28

*"Darei a eles um coração não dividido
e porei um novo espírito dentro deles;
retirarei deles o coração de pedra e
lhes darei um coração de carne."*

Ezequiel 11.19

Alguém está escutando?

A maioria de nós compartilha ideias cedo demais. Falamos antes de escutar. De fato, um projeto de pesquisa descobriu que uma pessoa comum ouvirá por apenas dezessete segundos antes de interromper.

Os bons ouvintes nunca compartilham suas ideias até que estejam certos de que entenderam o que a outra pessoa está dizendo. No casamento, isso é de extrema importância. Faça perguntas, repita aquilo que você acha que seu cônjuge está dizendo e questione: "Estou entendendo o que você quer dizer?". Quando seu cônjuge disser: "Sim, acho que você entende o que estou dizendo e como me sinto", então, e somente então, você está pronto para prosseguir. Você pode dizer: "Gosto muito do fato de você se abrir comigo. Agora que entendo como você chegou até aqui, posso compartilhar o que eu estava pensando quando fiz aquilo? Agora percebo que o que eu disse foi doloroso, mas quero que entenda que eu não estava tentando ferir você".

A essa altura, seu cônjuge ouvirá seu ponto de vista, porque você primeiro reservou um tempo para realmente ouvir o que ele estava dizendo.

Promessas de Deus

Ensina-nos a contar os nossos dias para que o nosso coração alcance sabedoria.

Salmos 90.12

"Busquem, pois, em primeiro lugar o Reino de Deus e a sua justiça, e todas essas coisas lhes serão acrescentadas."

Mateus 6.33

Não se amoldem ao padrão deste mundo, mas transformem-se pela renovação da sua mente, para que sejam capazes de experimentar e comprovar a boa, agradável e perfeita vontade de Deus.

Romanos 12.2

Os deveres

Você já ouviu pessoas dizerem: "Sei que devo fazer aquilo, mas simplesmente não tenho tempo"? Será que é verdade que não temos tempo para fazer o que devemos fazer? A palavra *dever* significa estar obrigado por lei moral, por consciência ou por senso de responsabilidade. Se não realizarmos o que *devemos* fazer, então precisamos reexaminar o uso que fazemos do tempo.

O tempo é um recurso que o Senhor nos deu e, tal como qualquer outro recurso, precisamos saber administrá-lo. Salmos 90.12, assim como muitos outros versículos da Bíblia, enfatiza a razão derradeira para usarmos bem o nosso tempo: o período que passamos aqui na terra é limitado. O tempo é um bem precioso que não devemos desperdiçar.

Em última análise, podemos controlar a maneira como usamos nosso tempo. Podemos cumprir os objetivos que se referem aos nossos relacionamentos mais próximos. Reservar tempo para o que é importante significa que devemos dizer não a coisas de menor importância. Você está precisando ponderar na maneira como está usando seu tempo? Então faça isso hoje.

Promessas de Deus

Filhinhos, não amemos de palavra nem de boca, mas em ação e em verdade.

1João 3.18

Sabemos que Deus age em todas as coisas para o bem daqueles que o amam, dos que foram chamados de acordo com o seu propósito.

Romanos 8.28

"Peçam, e lhes será dado; busquem, e encontrarão; batam, e a porta lhes será aberta. Pois todo o que pede, recebe; o que busca, encontra; e àquele que bate, a porta será aberta."

Mateus 7.7-8

Prolongue o tempo de vida do amor

A paixão é uma experiência temporária. Não é premeditada; simplesmente acontece no contexto normal do relacionamento entre homem e mulher. O que muitas pessoas não sabem é que ela é sempre temporária. A vida média de uma paixão é de dois anos.

A experiência de "apaixonar-se" satisfaz temporariamente nossa necessidade emocional de amor. Ela nos dá a impressão de que alguém se importa conosco, que alguém nos admira e gosta de nós. Nossas emoções vão às alturas com a ideia de que outra pessoa nos considera a pessoa número um. Por um breve momento, nossa necessidade emocional de amor é satisfeita. Contudo, quando descemos das alturas emocionais, podemos nos sentir vazios. Isso às vezes é acompanhado por sentimentos de dor, desapontamento ou raiva.

O apóstolo João reafirmou uma grande verdade quando escreveu sua primeira epístola: que o amor pode ser expresso com palavras, mas sua veracidade se demonstra por meio de ações. Aprenda a linguagem do amor do seu cônjuge, fale-a com regularidade e o amor emocional retornará ao seu casamento.

Promessas de Deus

O Senhor conduza o coração de vocês ao amor de Deus e à perseverança de Cristo.

2Tessalonicenses 3.5

Não nos cansemos de fazer o bem, pois no tempo próprio colheremos, se não desanimarmos.

Gálatas 6.9

É Deus quem efetua em vocês tanto o querer quanto o realizar, de acordo com a boa vontade dele.

Filipenses 2.13

Uma dose diária

Um marido disse à sua esposa: "Você sabe que eu amo você. Por que tenho de ficar repetindo?". Outro disse: "Eu lhe dei um presente de aniversário. Isso foi apenas dois meses atrás. O que você quer dizer quando fala que nunca lhe dou nada?".

Esses dois maridos não percebem que as expressões de amor devem se tornar um estilo normal de vida, não atos ocasionais.

O amor emocional deve ser nutrido. Falar a principal linguagem do amor de seu cônjuge é a melhor maneira de manter o amor vivo. Portanto, se a linguagem do amor do seu cônjuge são *atos de serviço*, então prepare uma refeição, limpe a casa ou corte a grama, e veja o nível de amor de seu cônjuge subir. Se forem *palavras de afirmação*, faça um elogio a ela e ela se sentirá amada. Se for *tempo de qualidade*, sente-se com ele no sofá e dê-lhe atenção total. Se for *toque físico*, coloque a mão no ombro dela. Se forem *presentes*, dê-lhe um livro, um cartão ou algo especial.

O amor é uma escolha que você faz diariamente. Ao fazer essa escolha, como explica 2Tessalonicenses 3.5, o Senhor conduzirá o coração de vocês ao amor de Deus e à perseverança de Cristo. Ele ensinará vocês a amarem como ele ama.

Promessas de Deus

Não se amoldem ao padrão deste mundo,
mas transformem-se pela renovação
da sua mente, para que sejam capazes
de experimentar e comprovar a boa,
agradável e perfeita vontade de Deus.

Romanos 12.2

Ponha a sua esperança no SENHOR, *ó Israel,*
pois no SENHOR *há amor leal e plena redenção.*

Salmos 130.7

Que o Deus da esperança os encha de
toda alegria e paz, por sua confiança
nele, para que vocês transbordem de
esperança, pelo poder do Espírito Santo.

Romanos 15.13

Há esperança!

Um marido me disse recentemente: "Não sei mais o que fazer. Vejo que meus sentimentos amorosos por minha esposa estão morrendo e sendo substituídos por pena e raiva. Quero respeitá-la. Quero amá-la. Quero ajudá-la, mas não sei como fazê-lo".

Milhares de pessoas podem se identificar com a frustração constante de viver com um cônjuge difícil ou irresponsável. Existe esperança? Sim, e ela começa com você. Antes de qualquer coisa, é preciso que você adote uma atitude positiva. Esse marido está fazendo o que a maioria de nós faz por natureza: ele está se concentrando no problema, em vez de focar na solução. Há inúmeros passos que ele pode dar, mas todos requerem uma atitude positiva.

Primeiro, ele deve aceitar que Deus ainda está no negócio de mudar vidas. Romanos 12.2 nos lembra que Deus pode nos transformar de dentro para fora. Se nos voltarmos para Deus, ele pode mudar nosso modo de pensar, o que, por sua vez, mudará nossos padrões de ação. Há esperança. Esse marido deve orar assim: "Pai, sei que existe uma resposta para os nossos problemas. Peço-te que me mostres o próximo passo". Esse foco na busca de soluções o levará às respostas.

Promessas de Deus

A oração de um justo é poderosa e eficaz.

Tiago 5.16

Nisso vocês exultam, ainda que agora,
por um pouco de tempo, devam ser
entristecidos por todo tipo de provação.

1Pedro 1.6

Apeguemo-nos com firmeza à esperança que
professamos, pois aquele que prometeu é fiel.

Hebreus 10.23

Orar por mudanças

Quando você está num casamento ruim, existem apenas duas opções: resignar-se a ter uma vida miserável, ou pular fora. Verdadeiro ou falso?

Muitos casais vivem uma dor profunda. Eles já tentaram melhorar as coisas e falharam. Por isso, aceitam a dicotomia comumente defendida: preciso pular fora e começar de novo; caso contrário, devo aceitar o fato de que viverei infeliz pelo resto da vida.

Quero sugerir uma terceira opção: deixe Deus usar você como um agente de mudança positiva em seu casamento. Você não pode mudar seu cônjuge. Contudo, você pode influenciar positivamente seu cônjuge a mudar. A maioria de nós subestima o poder da influência.

Também subestimamos o poder da oração. As Escrituras apresentam vários exemplos de pessoas que suplicam a Deus — e as respostas dele a elas. O texto de Tiago 5.16 nos diz que nossa oração sincera pode trazer resultados notáveis. No capítulo 4 de Colossenses o apóstolo Paulo lembra aos cristãos que se dediquem à oração e orem constantemente. Portanto, ore por seu relacionamento. Peça a Deus que lhe forneça um panorama claro de como você chegou ao ponto em que está no casamento. Peça que lhe mostre como você pode ser um instrumento nas mãos dele para influenciar seu cônjuge. Essa é uma oração que ele vai responder — e ele lhe dará o poder para pôr isso em prática.

Promessas de Deus

Contra ti, só contra ti, pequei e fiz o que tu reprovas, de modo que justa é a tua sentença e tens razão em condenar-me [...]. Purifica-me com hissopo, e ficarei puro; lava-me, e mais branco do que a neve serei.

Salmos 51.4,7

"Quando estiverem orando, se tiverem alguma coisa contra alguém, perdoem-no, para que também o Pai celestial lhes perdoe os seus pecados."

Marcos 11.25

"Não julguem, e vocês não serão julgados. Não condenem, e não serão condenados. Perdoem, e serão perdoados."

Lucas 6.37

Perdão

Quem dera eu fosse um marido perfeito: sempre bondoso, atencioso, compreensivo, solícito e amoroso. Infelizmente, não sou assim. Nenhum de nós é. Às vezes sou egoísta, descuidado e frio. Em resumo, não consigo viver de acordo com o ideal bíblico de marido cristão. Isso significa que meu casamento está fadado ao fracasso? Não, se eu estiver disposto a admitir meus erros e se minha esposa estiver disposta a perdoar.

Perdoar não significa simplesmente fazer vista grossa aos erros da outra pessoa ou ignorá-los. O perdão de Deus deve ser o nosso modelo. Deus nos perdoa com base naquilo que Cristo fez por nós na cruz. Deus não faz vista grossa ao pecado e Deus não perdoa a todos indiscriminadamente. Deus perdoa *quando* confessamos nosso pecado e expressamos nossa necessidade de perdão. O salmo 51, escrito pelo rei Davi depois de seu pecado de adultério com Bate-Seba, é um bom modelo de remorso verdadeiro por um delito. Davi admitiu sua culpa, reconheceu a justiça de Deus e pediu o perdão purificador de Deus. E Deus o concedeu.

A confissão genuína sempre precede o perdão verdadeiro. Portanto, para ter um casamento saudável, devo confessar meus erros à minha esposa e ela deve me perdoar.

Promessas de Deus

Lancem sobre ele toda a sua ansiedade,
porque ele tem cuidado de vocês.

1Pedro 5.7

Não retribuam a ninguém mal
por mal. Procurem fazer o que é
correto aos olhos de todos.

Romanos 12.17

"Pois se perdoarem as ofensas uns dos outros,
o Pai celestial também lhes perdoará."

Mateus 6.14

Perdoar e esquecer?

Existe uma diferença entre perdoar e esquecer. Uma esposa disse: "Eu o perdoei, mas meus sentimentos são confusos quando me lembro do que ele fez". O perdão não destrói a memória. O cérebro registra todo evento que já experimentamos, seja ele bom, seja ruim. A memória pode trazer de volta o evento e os sentimentos de dor e mágoa. Assim, tenha em mente que o perdão não é um sentimento, mas uma promessa de não se ressentir mais do pecado da outra pessoa.

Diante disso, o que fazer quando a lembrança volta e sentimos dor? Nós a levamos a Deus e dizemos: "Pai, tu sabes do que estou me lembrando e sabes a dor que sinto, mas te agradeço por isso estar perdoado. Agora, ajuda-me a fazer algo amoroso por meu cônjuge hoje". Assim, não permitimos que a memória controle o comportamento. Com o tempo, à medida que construirmos novas lembranças positivas juntos, a dor diminuirá. Não se deixe perturbar pelas lembranças. Como nos lembra 1Pedro 5.7, podemos lançar a Deus todas as nossas ansiedades, porque ele cuida de nós e nos ajudará a perdoar.

Promessas de Deus

A sabedoria do homem lhe dá paciência;
sua glória é ignorar as ofensas.

Provérbios 19.11

Pois a sua ira só dura um instante, mas o seu favor dura a vida toda; o choro pode persistir uma noite, mas de manhã irrompe a alegria.

Salmos 30.5

Quando vocês ficarem irados, não pequem;
ao deitar-se reflitam nisso, e aquietem-se.

Salmos 4.4

De onde veio isso?

Se a chama do seu casamento parece ter se apagado, se o seu entusiasmo pela vida está diminuindo ou se você se vê irritado e reclamando constantemente com seus filhos, você pode estar sofrendo de ira acumulada.

A reação exagerada diante de pequenas irritações é um sinal de ira acumulada — e isso pode levar a grandes explosões. Quando a ira irrompe, as pessoas perguntam "o que deu nele?", pois a explosão parece fora de propósito. Mas o que as pessoas não sabem é que essa ira pode estar aumentando talvez há anos.

Ao represarmos ira, em vez de nos livrarmos dela, a pressão aumenta. O rei Salomão observa sabiamente em Provérbios 14.13 que as emoções guardadas não desaparecem sozinhas. É por isso que a Bíblia diz: "Apaziguem a sua ira antes que o sol se ponha" (Ef 4.26). Livre-se rapidamente da ira. Se não fizer isso, você poderá se tornar uma pessoa com irritação crônica, pronta a explodir a qualquer momento. Isso nunca é bom para o casamento.

Promessas de Deus

Assim conhecemos o amor que Deus tem por nós e confiamos nesse amor. Deus é amor. Todo aquele que permanece no amor permanece em Deus, e Deus nele.

1João 4.16

"Porque Deus tanto amou o mundo que deu o seu Filho Unigênito, para que todo o que nele crer não pereça, mas tenha a vida eterna."

João 3.16

Amem-se sinceramente uns aos outros, porque o amor perdoa muitíssimos pecados.

1Pedro 4.8

Tudo o que você precisa é amor

Realmente creio que "o amor faz o mundo girar". Por que eu diria tal coisa? Porque Deus é amor. É o amor dele que torna significativas todas as coisas da vida. O texto de 1João 4 nos lembra que, quando entendemos quanto Deus nos ama, percebemos que se trata de algo tão magnífico que depositamos nossa confiança nesse amor. Até mesmo aqueles que não acreditam em Deus são recebedores desse amor. Ele lhes dá vida e oportunidade de responder ao seu amor. Ele quer perdoar e enriquecer a vida dessas pessoas. Os planos que ele tem para elas são bons.

O que tudo isso tem a ver com casamento? Deus instituiu o casamento porque ele nos amou. Certamente sua intenção não era nos entristecer; ele nos fez um para o outro. Marido e esposa são destinados a trabalhar juntos, como uma equipe de apoio mútuo, para descobrir e realizar o plano de Deus para a vida deles. É lindo quando isso funciona.

Qual é a chave para ter esse tipo de casamento? Resumindo em uma única palavra: *amor*. É a opção de cuidar um do outro da mesma maneira que Deus cuida de nós; é permitir que Deus expresse seu amor através de nós. Não requer grande empolgação, mas coração aberto.

Promessas de Deus

No amor não há medo; ao contrário,
o perfeito amor expulsa o medo.

1João 4.18

Tudo posso naquele que me fortalece.

Filipenses 4.13

Pois estou convencido de que nem morte nem vida, nem anjos nem demônios, nem o presente nem o futuro, nem quaisquer poderes, nem altura nem profundidade, nem qualquer outra coisa na criação será capaz de nos separar do amor de Deus que está em Cristo Jesus, nosso Senhor.

Romanos 8.38-39

O poder do amor

O amor não é nossa única necessidade emocional, mas se relaciona com todas as nossas outras necessidades. Também precisamos nos sentir seguros, ter uma noção saudável de amor-próprio e perceber que nossa vida é importante.

O apóstolo João escreve: "O perfeito amor expulsa o medo" (1Jo 4.18). Em nosso relacionamento com Deus, isso significa que, quando sabemos que o Senhor nos ama e que nos salvou, não temos mais medo do julgamento. De certo modo, podemos enfrentar qualquer coisa. O amor genuíno em um relacionamento tem alguns dos mesmos efeitos. Por que eu deveria temer, se sou amado?

Se me sinto amado por minha esposa, então também me sinto bem em relação a mim mesmo. Afinal de contas, se ela me ama, devo ser digno de ser amado. Em última análise, é o fato de descobrir que Deus me ama que me dá uma noção maior de valor — e minha esposa é uma agente do amor de Deus.

Se meu cônjuge me amar, estarei mais propenso a sentir que minha vida tem significado. Queremos que nossa vida sirva para alguma coisa; queremos fazer diferença no mundo. Quando damos amor e recebemos amor de nosso cônjuge, *estamos* fazendo diferença — estamos enriquecendo a vida dele. É para isso que Deus nos chama: para expressar o amor dele no mundo.

Promessas de Deus

Consideremos uns aos outros para nos incentivarmos ao amor e às boas obras.

Hebreus 10.24

Mais do que isso, considero tudo como perda, comparado com a suprema grandeza do conhecimento de Cristo Jesus, meu Senhor, por quem perdi todas as coisas. Eu as considero como esterco para poder ganhar Cristo e ser encontrado nele.

Filipenses 3.8-9

Quem encontra uma esposa encontra algo excelente; recebeu uma bênção do SENHOR.

Provérbios 18.22

É melhor serem dois que um

O casamento oferece ao marido e à esposa uma oportunidade de ministrar um ao outro. Eles se aceitam como são, mas também podem se incentivar a alcançar a excelência. Deus tem planos para cada vida, e os cônjuges podem se ajudar mutuamente a obter sucesso na realização desses planos — e frequentemente isso é feito por meio da expressão do amor.

Nem todo mundo acha que isso é importante. Algumas pessoas cresceram em lares nos quais ouviam mensagens negativas: "Você não é suficientemente inteligente. Você não é atleta nem tem talento. Você nunca vai ser nada na vida". Todas essas mensagens são falsas, mas, se elas se resumirem a tudo o que você ouviu, provavelmente você vai acreditar nelas.

Ao aprender a principal linguagem do amor de sua esposa e usá-la com frequência, você aumenta o nível de amor dela, além de causar impacto sobre o conceito que ela tem de si mesma. "Se ele me ama", ela pensa, "eu devo ser importante". Você se torna o agente de Deus para ajudar seu cônjuge a se sentir amado. Poucas coisas são mais importantes que isso para encorajar seu cônjuge a realizar o plano de Deus. Como escreve o autor de Hebreus, como cristãos devemos avaliar como podemos nos encorajar mutuamente para que alcancemos maior amor e mais serviço. Isso é ainda mais verdadeiro dentro do casamento.

O propósito do casamento é nos ajudar a realizar mais para Deus. No reino de Deus, é melhor serem dois que um.

Promessas de Deus

Melhor é a repreensão feita abertamente do que o amor oculto. Quem fere por amor mostra lealdade, mas o inimigo multiplica beijos.

Provérbios 27.5-6

Alegrem-se na esperança, sejam pacientes na tribulação, perseverem na oração.

Romanos 12.12

Descanse no Senhor *e aguarde por ele com paciência; não se aborreça com o sucesso dos outros, nem com aqueles que maquinam o mal. Evite a ira e rejeite a fúria; não se irrite: isso só leva ao mal. Pois os maus serão eliminados, mas os que esperam no* Senhor *receberão a terra por herança.*

Salmos 37.7-9

Nunca pare

Se vocês são como a maioria dos casais, chegarão a um ponto do relacionamento (provavelmente muitos pontos) em que, em vez de compartilhar sentimentos e tentar resolver as diferenças, serão tentados a se perguntar "por que devo me importar?". Não cometam esse erro. Pode ser difícil restabelecer os canais de comunicação depois de terem sido rompidos.

Manter a comunicação com seu cônjuge exigirá muita paciência e persistência. Às vezes, você se sentirá como se estivesse batendo a cabeça na parede. Tome uma aspirina e continue batendo. No final, seu trabalho terá valido a pena.

Nunca conclua que o silêncio ou a indiferença são preferíveis ao conflito — não são. Provérbios 27.5 deixa isto claro: a sinceridade é sempre melhor do que sentimentos ocultos. Respostas sinceras podem ser dolorosas, mas elas também trazem cura e comunicação genuína. Contanto que você e seu cônjuge estejam interagindo e buscando ativamente resolver suas diferenças, existe esperança. Quando vocês pararem de conversar, a esperança morre. Mantenha o relacionamento na lista de prioridades; negligencie o relacionamento e vocês envenenarão sua intimidade. Falar e ouvir são maneiras de aprender a trabalhar juntos, como equipe, e é em torno disso que gira um casamento saudável.

Promessas de Deus

Como é feliz aquele [...] [cuja] satisfação está na lei do Senhor, *e [que] nessa lei medita dia e noite. É como árvore plantada à beira de águas correntes: Dá fruto no tempo certo e suas folhas não murcham. Tudo o que ele faz prospera!*

Salmos 1.1-3

Consagre ao Senhor *tudo o que você faz, e os seus planos serão bem-sucedidos.*

Provérbios 16.3

Porque somos criação de Deus realizada em Cristo Jesus para fazermos boas obras, as quais Deus preparou antes para nós as praticarmos.

Efésios 2.10

É uma vida maravilhosa

O que é sucesso? Pergunte a uma dúzia de pessoas e você receberá doze respostas diferentes. Um amigo meu disse: "Sucesso é extrair o máximo de você mesmo com aquilo que você tem". Gosto dessa definição. Toda pessoa tem potencial para causar impacto positivo no mundo.

O salmo 1 compara uma pessoa bem-sucedida a uma árvore — plantada às margens de um rio, estável e de raízes profundas, saudável, fértil e frutífera. Quando estamos profundamente enraizados em Deus, ele pode nos usar e nós podemos fazer uma diferença significativa no mundo. Tudo depende daquilo que fazemos com aquilo que temos. O sucesso não é medido pela quantidade de dinheiro que possuímos ou a posição a que chegamos, mas pela maneira como usamos nossos recursos e nossas oportunidades. Posição e dinheiro podem ser usados para ajudar outras pessoas, ou podem ser desperdiçados ou mal usados. As pessoas verdadeiramente bem-sucedidas são aquelas que ajudam outras a serem bem-sucedidas.

O mesmo vale para o casamento. Uma esposa bem-sucedida é aquela que gasta tempo e energia ajudando o marido a alcançar o pleno potencial para Deus e a fazer o bem no mundo. Do mesmo modo, um marido bem-sucedido é aquele que ajuda a esposa a fazer o mesmo. Se você ajudar seu cônjuge a ser bem-sucedido, vai viver com um vencedor — e alguém que se sente satisfeito e importante. Não é uma vida ruim.

Promessas de Deus

[O amor] não procura seus interesses.

1Coríntios 13.5

O marido deve cumprir os seus deveres conjugais para com a sua mulher, e da mesma forma a mulher para com o seu marido. A mulher não tem autoridade sobre o seu próprio corpo, mas sim o marido. Da mesma forma, o marido não tem autoridade sobre o seu próprio corpo, mas sim a mulher. Não se recusem um ao outro.

1Coríntios 7.3-5

Cada um cuide, não somente dos seus interesses, mas também dos interesses dos outros.

Filipenses 2.4

Fazer amor

Como você se autoavalia no que diz respeito às necessidades sexuais de seu cônjuge?

Em 1Coríntios 7 marido e esposa são desafiados a satisfazer as necessidades sexuais um do outro. "Não se recusem um ao outro", dizem as Escrituras. Nosso corpo deve ser um presente mútuo; deve nos disponibilizar a dar e receber prazer sexual. Esse é o plano de Deus.

Por que temos tanta dificuldade para experimentar esse prazer mútuo? Talvez tenhamos nos esquecido do principal ingrediente do amor. Amar significa buscar os interesses da outra pessoa. A pergunta é: como posso lhe dar prazer? O amor não procura interesses próprios. O amor não é controlador nem causa irritação, mas pensa primeiro em como agradar a outra pessoa.

É triste constatar que a expressão "vamos fazer amor" frequentemente se resume a "vamos fazer sexo". Sexo sem cuidado amoroso e genuíno um pelo outro cai no vazio. A ideia de Deus é que o sexo seja uma expressão de nosso profundo amor e compromisso, para a vida toda, um para com o outro. Qualquer coisa abaixo disso está aquém das intenções de Deus.

Promessas de Deus

Nossos pais nos disciplinavam por curto período, segundo lhes parecia melhor; mas Deus nos disciplina para o nosso bem, para que participemos da sua santidade.

Hebreus 12.10

Façam tudo com amor.

1Coríntios 16.14

O amor é paciente, o amor é bondoso. Não inveja, não se vangloria, não se orgulha. Não maltrata, não procura seus interesses, não se ira facilmente, não guarda rancor. O amor não se alegra com a injustiça, mas se alegra com a verdade. Tudo sofre, tudo crê, tudo espera, tudo suporta. O amor nunca perece.

1Coríntios 13.4-8

Amar é...

"Fiz isso por amor." É comum usarmos a palavra *amor* para explicar nosso comportamento. Quem não se lembra de um pai dizendo "estou punindo você porque amo você"? Quando crianças, tínhamos dificuldade para imaginar isso, mas provavelmente era verdade. Os pais disciplinam os filhos porque os amam.

No casamento, porém, não existe pai nem mãe — apenas dois parceiros. Não disciplinamos um ao outro, mas amamos, sim, um ao outro e queremos que nosso parceiro alcance o potencial que lhe foi dado por Deus.

A pergunta é: como saber quando nossas ações são amorosas? Amar é fazer o que for melhor para a outra pessoa, mas às vezes pode ser difícil entender isso. Por exemplo: a esposa de um alcoólatra recolhe os cacos do que restou depois da última cena de seu marido. Ela chama isso de amor, mas o psicólogo chama de codependência. A atitude dela o ajudou? Talvez no curto prazo, mas não no longo prazo.

Devemos aprender a amar de maneira eficaz ao fazer aquilo que melhor atenderá à saúde emocional, espiritual e física do nosso cônjuge. Às vezes isso significa que devemos ser duros. Se essa é a situação que você está enfrentando, peça a Deus que lhe dê sabedoria para fazer as escolhas certas sobre a melhor maneira de amar seu cônjuge.

Promessas de Deus

Deleite-se no SENHOR, *e ele atenderá aos desejos do seu coração. Entregue o seu caminho ao* SENHOR; *confie nele, e ele agirá.*

Salmos 37.4-5

Finalmente, irmãos, tudo o que for verdadeiro, tudo o que for nobre, tudo o que for correto, tudo o que for puro, tudo o que for amável, tudo o que for de boa fama, se houver algo de excelente ou digno de louvor, pensem nessas coisas. Ponham em prática tudo o que vocês aprenderam, receberam, ouviram e viram em mim. E o Deus da paz estará com vocês.

Filipenses 4.8-9

[O amor] não procura seus interesses.

1Coríntios 13.5

Tirando a intimidação da intimidade

Qual é o retrato bíblico da intimidade no casamento? Ele é encontrado em Gênesis 2.25: "O homem e sua mulher viviam nus, e não sentiam vergonha". Essa é uma imagem viva da intimidade conjugal: duas pessoas diferentes, iguais em valor, totalmente transparentes e sem medo de serem conhecidas. É esse tipo de abertura, aceitação, confiança e entusiasmo a que nos referimos quando usamos a palavra *intimidade*.

Mas isso foi antes de o pecado entrar em cena. É interessante notar que a reação imediata de Adão e Eva depois de comer o fruto proibido foi sentir vergonha de sua nudez e se cobrirem. Em outras palavras, depois do pecado surgiram as roupas. Algo se colocou entre Adão e Eva, e eles deixaram de ser transparentes. Não estavam mais dispostos a ser conhecidos abertamente: a partir de então, precisaram desenvolver a intimidade.

O mesmo é verdadeiro para nós. Por sermos criaturas caídas, às vezes temos medo de ser conhecidos. Por quê? Porque, com a intimidade, vem a possibilidade de condenação e rejeição. Para superar esse medo, devemos desenvolver um relacionamento de confiança com nosso cônjuge.

Promessas de Deus

Não deixamos de orar por vocês e de pedir que sejam cheios do pleno conhecimento da vontade de Deus, com toda a sabedoria e entendimento espiritual.

Colossenses 1.9

Não andem ansiosos por coisa alguma, mas em tudo, pela oração e súplicas, e com ação de graças, apresentem seus pedidos a Deus. E a paz de Deus, que excede todo o entendimento, guardará o coração e a mente de vocês em Cristo Jesus.

Filipenses 4.6-7

"Se vocês permanecerem em mim, e as minhas palavras permanecerem em vocês, pedirão o que quiserem, e lhes será concedido."

João 15.7

E agora, Deus, sobre meu cônjuge...

Orar por seu cônjuge pode ser seu maior ministério. O que poderia ser mais importante? Por meio de palavras e exemplos, a Bíblia nos mostra que a oração é poderosa. Lemos em Tiago 5.16: "A oração de um justo é poderosa e eficaz".

Daniel jejuou e orou com grande humildade, confessando seus pecados e os pecados de Israel. Paulo orou para que os cristãos de Colossos fossem tomados pelo conhecimento da vontade de Deus. Jesus orou para que a fé de Pedro não faltasse depois de ele ter negado Cristo.

Como você ora por seu cônjuge? Talvez você possa considerar Colossenses 1.9-14 como ponto de partida. À medida que orar por seu cônjuge — do mesmo modo que Paulo orou por aqueles cristãos, quando pediu que a fé deles fosse fortalecida e que Deus os munisse com perseverança e paciência —, você vai ministrar ao seu cônjuge. Você também poderá perceber que seu coração está ficando cada vez mais terno em relação ao seu cônjuge.

A oração é um dos meios ordenados por Deus para a realização de sua vontade na terra. Assim como ele nos permite pregar e ensinar, ele nos permite orar — e assim cooperamos com ele em sua obra. Ore por seu cônjuge hoje e veja como isso afeta seu casamento.

Promessas de Deus

[Jesus disse:] "Pois onde se reunirem dois ou três em meu nome, ali eu estou no meio deles".

Mateus 18.20

Orem no Espírito em todas as ocasiões, com toda oração e súplica; tendo isso em mente, estejam atentos e perseverem na oração por todos os santos.

Efésios 6.18

O Senhor está perto de todos os que o invocam, de todos os que o invocam com sinceridade.

Salmos 145.18

Simplesmente feche os olhos e ore

Muitos casais acham difícil orar juntos. Por quê? Uma razão pode ser o fato de eles não se tratarem com amor e respeito, e isso representa uma barreira entre eles. A resposta para esse problema é a confissão e o arrependimento. Lemos em 1João 1.9: "Se confessarmos os nossos pecados, ele é fiel e justo para perdoar os nossos pecados". É pecado deixar de amar nosso cônjuge ou não tratá-lo com bondade e respeito — e tal pecado precisa ser confessado e perdoado; só então o casal será capaz de orar junto.

Uma segunda razão pela qual os casais não conseguem orar juntos pode ser o fato de um ou ambos nunca terem aprendido a orar com outra pessoa. Para muitos, a oração é algo particular. Embora você deva orar *por* seu cônjuge em particular, você também deve orar *com* seu cônjuge. Afinal, Jesus disse aos seus discípulos que se dois ou três cristãos estivessem reunidos, ele estaria presente entre eles. Essa é uma declaração poderosa e um grande testemunho da oração realizada como casal.

Uma maneira fácil de começar é a oração silenciosa. Funciona assim: vocês seguram a mão um do outro, fecham os olhos e então oram em silêncio. Quando você tiver terminado de orar, diga "amém" e, então, espere até que seu cônjuge diga "amém". Orar silenciosamente enquanto estão de mãos dadas é uma maneira de orar juntos, e isso vai melhorar seu casamento.

Promessas de Deus

Tratem a todos com o devido respeito: amem os irmãos.

1Pedro 2.17

É melhor ter companhia do que estar sozinho, porque maior é a recompensa do trabalho de duas pessoas. Se um cair, o amigo pode ajudá-lo a levantar-se. Mas pobre do homem que cai e não tem quem o ajude a levantar-se!

Eclesiastes 4.9-10

Façam todo o esforço para conservar a unidade do Espírito pelo vínculo da paz. Há um só corpo e um só Espírito, assim como a esperança para a qual vocês foram chamados é uma só.

Efésios 4.3-4

Eu amo você — por favor, mude!

Se você é recém-casado, talvez tenha descoberto algumas coisas sobre a pessoa amada em relação às quais você não se sente muito animado. Ele ronca feito uma motosserra. Ela aperta a pasta de dentes no meio do tubo. Ele corta as unhas do pé na frente da televisão e deixa as evidências sobre a mesa de centro. Ela canta as letras erradas de todas as músicas que ouve no rádio.

A chave para superar essas irritações é mantê-las na perspectiva correta. Não deixe que as coisas pequenas se transformem em grandes problemas. Lembre-se de que essas questões não são de vida ou morte. Se você conseguir encontrar solução para elas, ótimo; se não, você pode viver com elas.

Tente isto: diga ao seu cônjuge três coisas que você gosta nele e, então, faça um pedido, como: "Você poderia tirar os cabelos que caem na pia depois de se arrumar pela manhã?". Uma vez que o elogio precedeu seu pedido, seu cônjuge estará mais inclinado a aceitar o pedido de mudança.

Uma orientação: nunca peça mais de uma mudança a cada duas semanas. Talvez vocês possam combinar que, nesta semana, seu cônjuge pode fazer um pedido a você e, na semana seguinte, você pode fazer um pedido a ele. Tudo se resume a respeito. O apóstolo Pedro nos encoraja a tratarmos uns aos outros com amor e respeito, e isso certamente se aplica a nosso cônjuge. Você verá mudanças acontecerem quando for educado, amoroso e respeitador.

Promessas de Deus

E não nos cansemos de fazer o bem,
pois no tempo próprio colheremos,
se não desanimarmos.

Gálatas 6.9

O generoso prosperará; quem dá
alívio aos outros, alívio receberá.

Provérbios 11.25

"Pois a quem tem, mais será dado, e terá
em grande quantidade. Mas a quem não
tem, até o que tem lhe será tirado."

Mateus 25.29

Eu aceito. E agora?

Muitos casais consideram a cerimônia de casamento a linha de chegada do relacionamento. Eles trabalharam duro para realizá-lo e, depois, relaxam, esperando que o "felizes para sempre" comece.

Não é assim que o casamento funciona. Se não fazer nada é sua estratégia para manter o amor vivo, você terá problemas. A situação é semelhante aos cristãos que consideram a salvação o derradeiro passo de sua jornada. Assim que ela acontece, eles acham que podem relaxar espiritualmente pelo resto da vida. Mas isso não é nada bíblico.

Paulo nos incentiva a persistir no serviço e nas boas obras. Precisamos continuar trabalhando não apenas nosso relacionamento com Deus, como também nosso relacionamento conjugal. Lembre-se: a cerimônia de casamento é o primeiro passo, não o último. Para fazer o relacionamento funcionar no longo prazo, vocês precisam investir, depois da cerimônia, o mesmo tipo de tempo, energia e esforço que investiram enquanto namoravam.

Que coisas vocês faziam quando namoravam? Davam presentes? Iam a restaurantes legais? Abria a porta do carro para ela? Talvez seja hora de perguntar ao seu cônjuge: "De todas as coisas que eu fazia quando estávamos namorando, qual você gostaria que eu fizesse agora?". Deixe que a resposta do seu cônjuge leve vocês a um casamento saudável.

Promessas de Deus

E a esperança não nos decepciona, porque Deus derramou seu amor em nossos corações, por meio do Espírito Santo que ele nos concedeu.

Romanos 5.5

Nisto consiste o amor: não em que nós tenhamos amado a Deus, mas em que ele nos amou e enviou seu Filho como propiciação pelos nossos pecados.

1João 4.10

O amor deve ser sincero. Odeiem o que é mau; apeguem-se ao que é bom. Dediquem-se uns aos outros com amor fraternal. Prefiram dar honra aos outros mais do que a si próprios.

Romanos 12.9-10

Amor incondicional

Como podemos amar um cônjuge difícil de ser amado? Durante mais de trinta anos de aconselhamento, já me encontrei com muitas pessoas que viviam casamentos inacreditavelmente difíceis. Sem exceção, a raiz das dificuldades conjugais é o egoísmo, e a cura fundamental para isso é o amor. Amor e egoísmo são opostos. Por natureza, somos todos egocêntricos, mas, quando nos tornamos cristãos, o Espírito Santo traz o amor de Deus ao nosso coração, como vemos em Romanos 5.5. A passagem de Gálatas 5.22-23 apresenta uma lista de qualidades de caráter que o Espírito Santo produzirá em nossa vida se lhe dermos permissão, e entre elas está o amor. A partir desse momento, podemos nos tornar agentes de Deus para expressar seu amor. Compartilhar o amor divino que flui através de nós é a coisa mais poderosa que podemos fazer por nosso cônjuge.

Quero lhe propor um desafio, o mesmo que tenho proposto a muitas pessoas no decorrer dos anos. Faça uma experiência de seis meses, durante os quais você vai amar seu cônjuge incondicionalmente. Descubra qual é a principal linguagem do amor de seu cônjuge e use-a pelo menos uma vez por semana durante seis meses, independentemente do modo como você seja tratado. Já vi pessoas duras, difíceis e cruéis amolecerem muito antes de se completarem os seis meses. Ao deixar Deus expressar seu amor através de você, você se torna o agente de cura para seu cônjuge e para seu casamento.

Promessas de Deus

O coração ansioso deprime o homem,
mas uma palavra bondosa o anima.

Provérbios 12.25

"Darei a vocês um coração novo e
porei um espírito novo em vocês;
tirarei de vocês o coração de pedra e
lhes darei um coração de carne."

Ezequiel 36.26

Nós amamos porque ele nos amou primeiro.

1João 4.19

O poder da palavra bondosa

Muitos casais desconhecem o tremendo poder que há no incentivo verbal mútuo. Elogios verbais, ou palavras de afirmação, são poderosos comunicadores de amor. O rei Salomão, autor da antiga literatura hebraica de sabedoria que encontramos na Bíblia, escreveu vários provérbios sobre as palavras. Em Provérbios 12.25 ele destaca a importância de uma palavra bondosa. A passagem de Provérbios 18.21 é ainda mais enfática, ao dizer que "a língua tem poder sobre a vida e sobre a morte". Comentários mordazes e críticos podem destruir o espírito de uma pessoa, mas palavras bondosas trazem renovação e esperança.

Leia as declarações a seguir e pergunte a si mesmo: "Disse alguma coisa semelhante ao meu cônjuge na última semana?".

- "Você está ótimo com essa roupa."
- "Uau! Você fica muito bem nesse vestido!"
- "Acho que você é a melhor cozinheira do mundo. Adoro sua comida."
- "Obrigado por ter arrumado uma babá para esta noite. Eu não esperava por isso."
- "Fico muito feliz por você lavar a louça."
- "Fiquei orgulhosa por você ter obtido essa avaliação positiva no trabalho. Você é muito esforçado, e essa é a prova."

Quer melhorar seu casamento? Diga algo positivo ao seu cônjuge hoje.

Promessas de Deus

"Deixo-lhes a paz; a minha paz lhes dou. Não a dou como o mundo a dá. Não se perturbe o seu coração, nem tenham medo."

João 14.27

Portanto, se alguém está em Cristo, é nova criação. As coisas antigas já passaram; eis que surgiram coisas novas!

2Coríntios 5.17

Que o Deus da esperança os encha de toda alegria e paz, por sua confiança nele, para que vocês transbordem de esperança, pelo poder do Espírito Santo.

Romanos 15.13

Mitos do casamento

Quero compartilhar com você quatro mitos que costumam destruir a motivação que nos ajuda a lidar com nosso casamento. Se acreditar nesses mitos, ficarei preso, mas as paredes da minha prisão serão, na verdade, de papel. Elas só poderão me deter se eu acreditar que são fortes demais para que eu as derrube. Jesus disse aos seus ouvintes que, ao conhecermos a verdade, ela nos libertará. Podemos nos libertar desses mitos ao confrontá-los com a verdade.

Mito número 1: *Meu estado mental e a qualidade do meu casamento são determinados pelo meu ambiente.*

A verdade: Deus pode dar paz de espírito mesmo diante das piores situações (veja João 14.27). Posso ser instrumento de Deus para a melhoria do meu casamento.

Mito número 2: *As pessoas não mudam.*

Verdade: As pessoas podem de fato mudar todos os dias, normalmente de modo impressionante. Deus é especialista em mudar vidas (veja 2Coríntios 5.17).

Mito número 3: *Quando se está num casamento ruim, existem apenas duas opções: conformar-se ou pular fora.*

Verdade: Você pode ser um agente de mudança positiva em seu casamento (veja Romanos 12.2).

Mito número 4: *Algumas situações não têm solução.*

Verdade: Com Deus, nenhuma situação fica sem solução (veja Romanos 15.13). Ele é o Deus de milagres. Foque seu olhar nele, em vez de focar sua situação.

Promessas de Deus

"Não julguem, para que vocês não sejam julgados. Pois da mesma forma que julgarem, vocês serão julgados; e a medida que usarem, também será usada para medir vocês. Por que você repara no cisco que está no olho do seu irmão, e não se dá conta da viga que está em seu próprio olho? [...] Tire primeiro a viga do seu olho, e então você verá claramente para tirar o cisco do olho do seu irmão."

Mateus 7.1-3,5

Quem de vocês quer amar a vida e deseja ver dias felizes? Guarde a sua língua do mal e os seus lábios da falsidade.

Salmos 34.12-13

Portanto, como povo escolhido de Deus, santo e amado, revistam-se de profunda compaixão, bondade, humildade, mansidão e paciência. Suportem-se uns aos outros e perdoem as queixas que tiverem uns contra os outros. Perdoem como o Senhor lhes perdoou. Acima de tudo, porém, revistam-se do amor, que é o elo perfeito. Que a paz de Cristo seja o juiz em seu coração, visto que vocês foram chamados para viver em paz, como membros de um só corpo. E sejam agradecidos.

Colossenses 3.12-15

Olhe-se no espelho

É fácil identificar os erros do nosso parceiro, mas é mais difícil admitir os nossos. Quando os casais me procuram em busca de aconselhamento, costumo dar a cada um uma folha de papel e pedir que façam uma lista dos defeitos do seu cônjuge. Eles escrevem muito, por dez ou quinze minutos. Alguns chegam a pedir mais papel.

Depois, peço que façam uma lista de suas próprias falhas. A maioria consegue pensar em apenas *uma*. Mas já vi pessoas se sentarem e passarem um bom tempo pensando na segunda falha. Raramente uma pessoa apresenta mais do que quatro itens nessa lista. Enxergamos 27 coisas erradas em nosso cônjuge, mas temos apenas 4 defeitos em nossa lista.

Nossa tendência é ver a nós mesmos através de óculos cor-de-rosa. Nossas falhas não aparentam ser assim tão grandes para nós, porque estamos acostumados com elas. Naturalmente, então, atribuímos o verdadeiro problema ao comportamento do nosso cônjuge. Mas Jesus nos alertou de não julgarmos uns aos outros, porque o nível de crítica que usamos contra as outras pessoas será usado contra nós — e provavelmente por nosso cônjuge! Ele nos diz para primeiro tirarmos a viga do nosso próprio olho. Assim que tenhamos feito isso, podemos ver mais claramente, de modo a ajudar nosso parceiro a lidar com as próprias falhas.

Promessas de Deus

"Um novo mandamento lhes dou: Amem--se uns aos outros. Como eu os amei, vocês devem amar-se uns aos outros."

João 13.34

"O SENHOR *é muito paciente e grande em fidelidade, e perdoa a iniquidade e a rebelião."*

Números 14.18

O SENHOR *concede favor e honra; não recusa nenhum bem aos que vivem com integridade.*

Salmos 84.11

Procure um pouco mais fundo

Só conseguiremos tratar do verdadeiro problema de um relacionamento quando entendermos o que motiva o comportamento da outra pessoa. Todo comportamento é motivado por necessidades interiores, incluindo a necessidade de sermos amados.

Barb reclama que seu marido não tem tempo para ela. Ela costuma aumentar a voz e fazer discursos irados, acusando-o de não se importar com ela. Às vezes esses discursos funcionam, e Bob, seu marido, se senta e conversa com ela — mas normalmente fica ressentido. Essas interações seriam muito mais eficientes se Bob entendesse que a principal linguagem do amor de Barb é tempo de qualidade e se fizesse um esforço para falar com ela regularmente. Abordar sua necessidade de amor pode muito bem eliminar o comportamento negativo dela.

Como cristãos, somos chamados a amar uns aos outros como Cristo nos ama. Esse é o "novo mandamento" que Jesus deu aos seus discípulos em João 13, e é um pedido difícil. Mas uma maneira pela qual podemos realizar esse pedido é assegurando que nossa reação seja paciente, mesmo sob provocação. Amar nosso cônjuge como Cristo ama significa olhar para o coração de nosso parceiro. Aprender a identificar a necessidade emocional que está por trás do comportamento de nosso cônjuge — em vez de simplesmente discutir os sintomas — é um grande passo para se tornar uma influência positiva num relacionamento que, de outro modo, seria difícil. Não amaldiçoe o comportamento; trate a necessidade.

Promessas de Deus

"Hoje o Senhor declarou que vocês são o seu povo, o seu tesouro pessoal, conforme ele prometeu."

Deuteronômio 26.18

"Busquem, pois, em primeiro lugar o Reino de Deus e a sua justiça, e todas essas coisas lhes serão acrescentadas."

Mateus 6.33

Mantenham o pensamento nas coisas do alto, e não nas coisas terrenas.

Colossenses 3.2

Só trabalho, sem diversão?

Seu cônjuge é *workaholic*? Se é, você precisa entender que o desejo de se sentir importante é uma das necessidades emocionais primárias que motivam algumas pessoas. Muitos *workaholics* não percebem que nossa verdadeira importância vem do fato de sermos filhos de Deus e vivermos o plano dele para nós. Afinal de contas, o texto de Deuteronômio 26 fala sobre os filhos de Deus como seu "tesouro pessoal". Nosso Pai celestial nos ama não por causa de algo que sejamos ou façamos, mas porque ele nos criou. Não podemos fazer nada para aumentar ou diminuir nosso valor aos olhos dele.

Os *workaholics* tendem a se esquecer disso. Como resultado, empenham todos os seus esforços em se destacar no mercado de trabalho e costumam negligenciar até mesmo seus relacionamentos mais próximos. Talvez o pai de um homem tenha lhe dito algo como "você nunca será nada na vida", o que o leva a passar a vida inteira tentando provar que seu pai estava errado. É um ciclo amargo e infindável.

Se você está casado com um *workaholic*, não amaldiçoe o trabalho dele. Em vez disso, faça elogios, demonstre admiração e dê incentivo. Diga que sente muito orgulho. Quanto mais elogios você fizer e quanto mais valorizar seu cônjuge por quem ele é, em vez de por aquilo que ele faz, maior será a probabilidade de um parceiro *workaholic* passar mais tempo longe do trabalho e perto de você.

Promessas de Deus

"Porque Deus tanto amou o mundo que deu o seu Filho Unigênito, para que todo o que nele crer não pereça, mas tenha a vida eterna."

João 3.16

Ainda que eu fale as línguas dos homens e dos anjos, se não tiver amor, serei como o sino que ressoa ou como o prato que retine. Ainda que eu tenha o dom de profecia e saiba todos os mistérios e todo o conhecimento, e tenha uma fé capaz de mover montanhas, se não tiver amor, nada serei. Ainda que eu dê aos pobres tudo o que possuo e entregue o meu corpo para ser queimado, se não tiver amor, nada disso me valerá.

1Coríntios 13.1-3

Quem ama seu irmão permanece na luz.

1João 2.10

Uma aliança, não um contrato

Você assinou algum contrato ou fez algum acordo quando se casou? Quando você assina um contrato de financiamento imobiliário, o banco lhe empresta dinheiro *se* você concordar em fazer os pagamentos mensais. Pare de efetuar os pagamentos e o banco lhe tomará a casa para receber o dinheiro de volta.

Muitos casais têm a mesma atitude em relação ao casamento. Eles podem dizer: "Amarei você e lhe serei fiel *se* você me amar e for fiel a mim". Essa não é a visão bíblica do casamento. Biblicamente, o casamento é uma aliança, não um contrato. O casamento como aliança se baseia no amor incondicional — é amar não importando o que possa acontecer.

Deus é o autor do amor incondicional. Romanos 5.8 nos lembra que Deus nos amou e se sacrificou por nós quando ainda éramos pecadores, não merecedores e ingratos. O profeta Isaías chegou até mesmo a comparar nossos melhores esforços a um "trapo imundo" (64.6). Não temos nada a oferecer a Deus, mas ele nos ama mesmo assim. Amar o pouco amável é um traço característico de Deus. Também é a chave para um casamento bem-sucedido.

Promessas de Deus

Enquanto eu mantinha escondidos os meus pecados, o meu corpo definhava de tanto gemer [...]. Então reconheci diante de ti o meu pecado e não encobri as minhas culpas. Eu disse: Confessarei as minhas transgressões ao SENHOR, *e tu perdoaste a culpa do meu pecado.*

Salmos 32.3,5

"Pois se perdoarem as ofensas uns dos outros, o Pai celestial também lhes perdoará."

Mateus 6.14

Considere o íntegro, observe o justo; há futuro para o homem de paz.

Salmos 37.37

Amar significa estar disposto a dizer "sinto muito"

O filme clássico da década de 1970, *Love Story*, nos advertia que o verdadeiro amor é sinônimo de nunca precisar dizer "sinto muito". Não creio que eles estavam certos, por uma simples razão: todos nós somos humanos, e seres humanos não são perfeitos. Todos nós acabamos ferindo a pessoa a quem mais amamos. Ter um bom casamento não exige perfeição, mas exige que nos desculpemos quando erramos.

Quando digo "sinto muito", expresso arrependimento pelo fato de minhas palavras ou de meu comportamento ter provocado dor. É uma orientação básica para se dar bem com as pessoas. Também reflete a verdade espiritual de que, para receber perdão, devemos primeiro admitir aquilo que fizemos. Ignorar nosso pecado não o faz desaparecer, como o rei Davi experimentou antes de escrever as palavras do salmo 32. De fato, ignorá-lo costuma nos fazer sentir ainda pior. Quando expressamos arrependimento por nosso delito e pela dor que ele causou, pavimentamos o caminho rumo ao perdão e à reconciliação. Isso é verdade tanto em nosso relacionamento com Deus como em nosso casamento.

Quando foi a última vez que você disse "sinto muito" ao seu marido ou à sua esposa? Se já faz algum tempo, então você provavelmente lhe deve uma desculpa. Amar significa sempre estar disposto a dizer "sinto muito".

Promessas de Deus

"O ouvido não experimenta as palavras como a língua experimenta a comida?"

Jó 12.11

Sejam bondosos e compassivos uns para com os outros, perdoando-se mutuamente, assim como Deus os perdoou em Cristo.

Efésios 4.32

Confie no SENHOR *de todo o seu coração e não se apoie em seu próprio entendimento.*

Provérbios 3.5

Dizer *versus* fazer

Talvez você já tenha dito "sinto muito", mas seu cônjuge tem dificuldades em perdoá-lo. Você pode se sentir frustrado e dizer a si mesmo: "Já pedi desculpas. O que mais posso fazer?". Se você é uma pessoa séria, vou lhe dizer. Faça a seu cônjuge a seguinte pergunta: "O que posso fazer para reparar o erro?". Você também pode dizer: "Sei que magoei você e me sinto mal por isso, mas quero corrigir as coisas. Quero fazer algo que demonstre que amo você".

Isso é muito mais poderoso do que simplesmente dizer "sinto muito". Por quê? Porque às vezes as palavras não significam muito, a menos que tenham respaldo de ações. Jó, personagem do Antigo Testamento, foi oprimido pelas palavras de seus amigos que tentavam entender seu terrível sofrimento. Mas muito do que eles disseram estava errado e, no capítulo 12, Jó declara que testou as palavras deles para determinar o que era verdadeiro. Todos nós fazemos a mesma coisa — testamos as palavras para ver se são genuínas e se existe uma possibilidade de serem seguidas por ações.

Para estabelecer confiança, você precisa mostrar que suas palavras são genuínas. Quando pergunta a seu cônjuge como pode reparar o erro, você está tentando fazer uma compensação. Está demonstrando que você realmente se importa com o relacionamento. Afinal de contas, o que o seu cônjuge quer saber é se o seu pedido de desculpas é sincero. Certifique-se de que sua resposta seja clara.

Promessas de Deus

O objetivo desta instrução é o amor que procede de um coração puro, de uma boa consciência e de uma fé sincera.

1Timóteo 1.5

Portanto, sejam imitadores de Deus, como filhos amados, e vivam em amor, como também Cristo nos amou e se entregou por nós como oferta e sacrifício de aroma agradável a Deus.

Efésios 5.1-2

Façam tudo com amor.

1Coríntios 16.14

O amor é a resposta

No contexto do casamento, se não nos sentirmos amados, nossas diferenças são amplificadas e um passa a ver o outro como uma ameaça à felicidade. Lutamos para obter amor-próprio e importância, e o casamento se torna um campo de batalha, em vez de um abrigo.

O amor não é a resposta para todos os problemas, mas ele cria um clima de segurança no qual podemos buscar respostas para aquelas questões que nos perturbam. Na segurança do amor, um casal pode discutir diferenças sem o medo da condenação. Os conflitos podem ser resolvidos. Duas pessoas diferentes podem aprender a viver juntas em harmonia e descobrir como fazer aflorar o melhor que existe no outro. Essas são as recompensas do amor.

O amor realmente é a força mais poderosa do mundo. Foi o amor que levou Cristo a entregar sua vida por nós. Temos vida eterna por causa desse amor e temos a oportunidade de amar uns aos outros como seus representantes. Em Efésios 5, o apóstolo Paulo nos encoraja a seguir o exemplo de Cristo e a viver uma vida de amor. Os casamentos funcionam melhor quando as duas pessoas se sentem genuinamente amadas. A decisão de amar seu cônjuge carrega um enorme potencial, e aprender a principal linguagem do amor dele transforma esse potencial numa realidade.

Promessas de Deus

Maridos, ame cada um a sua mulher
e não a tratem com amargura.

Colossenses 3.19

"Um novo mandamento lhes dou:
Amem-se uns aos outros. Como eu os amei,
vocês devem amar-se uns aos outros. Com isso
todos saberão que vocês são meus discípulos,
se vocês se amarem uns aos outros."

João 13.34-35

Da mesma forma, os maridos devem
amar cada um a sua mulher como
a seu próprio corpo. Quem ama
sua mulher, ama a si mesmo.

Efésios 5.28

Um toque de amor

No casamento, a linguagem do amor referente ao toque físico tem muitos dialetos. Isso significa que nem todos os toques são iguais. Alguns trarão mais prazer ao seu cônjuge do que outros. Seu melhor instrutor é seu cônjuge. Sua esposa sabe o que ela concebe como toque amoroso; não insista em tocá-la do seu jeito e na hora em que você quer. Respeite os desejos dela. Aprenda a falar o dialeto dela. Não cometa o erro de acreditar que o toque que traz prazer a você também trará a ela.

Lemos em 1Pedro 3.7 (RA) que os maridos devem ser "sábios no convívio com suas mulheres" ou que devem viver a vida cotidiana "com discernimento". Em outras palavras, precisamos conhecer nosso cônjuge em um nível profundo. Homens, a fonte primária de conhecimento sobre o que faz sua esposa se sentir amada é sua esposa. Algumas esposas gostam de um afago nas costas, outras são indiferentes a ele e há aquelas que o consideram irritante. Mulheres, é claro que o mesmo vale para os maridos.

Deus criou seu cônjuge de maneira singular. O toque físico é uma das cinco linguagens do amor, mas você precisa descobrir qual *tipo* de toque seu cônjuge aprecia. Quando você falar o dialeto correto do toque físico, a pessoa amada se sentirá, de fato, amada.

Promessas de Deus

O marido deve cumprir os seus deveres conjugais para com a sua mulher, e da mesma forma a mulher para com o seu marido. A mulher não tem autoridade sobre o seu próprio corpo, mas sim o marido. Da mesma forma, o marido não tem autoridade sobre o seu próprio corpo, mas sim a mulher. Não se recusem um ao outro.

1Coríntios 7.3-5

Alegre-se com a esposa da sua juventude [...] e sempre o embriaguem os carinhos dela.

Provérbios 5.18-19

Sabemos que Deus age em todas as coisas para o bem daqueles que o amam, dos que foram chamados de acordo com o seu propósito.

Romanos 8.28

Passos de bebê

Uma esposa me disse: "Quero tocar meu marido, mas, quando tento, ele se afasta. Ele age como se isso o irritasse; menos, é claro, quando fazemos sexo". O que esse homem está dizendo à esposa através de seu comportamento? Que o toque físico não é sua principal linguagem do amor. Ele reagirá melhor a palavras de afirmação ou a alguma outra linguagem do amor. Se o toque físico é a principal linguagem do amor de seu cônjuge, ele receberá bem os toques ternos a qualquer momento que você os conceder.

É comum que as pessoas falem a própria linguagem do amor com os outros. Portanto, se seu cônjuge está sempre querendo abraçar ou beijar, talvez seja porque ele gostaria de receber isso de você.

Algumas pessoas acham difícil utilizar a linguagem do toque físico. Talvez não tenham sido tocadas quando crianças — e tocar é algo desconfortável para elas. No entanto, qualquer pessoa pode aprender essa linguagem.

Paulo deixa claro que não devemos privar nosso cônjuge do ato sexual — ou de qualquer outro toque significativo. Quando nos casamos, nosso corpo não é mais apenas nosso. Podemos usar o toque como um presente mútuo. Lembre-se: amar é buscar satisfazer a necessidade de seu cônjuge, não a sua. Você não toca porque é confortável para você, mas porque isso comunica amor à pessoa amada.

Promessas de Deus

Que as palavras da minha boca e a meditação do meu coração sejam agradáveis a ti, SENHOR, minha Rocha e meu Resgatador!

Salmos 19.14

Se algum de vocês tem falta de sabedoria, peça-a a Deus, que a todos dá livremente.

Tiago 1.5

Não se esqueçam de fazer o bem e de repartir com os outros o que vocês têm, pois de tais sacrifícios Deus se agrada.

Hebreus 13.16

Essa é uma boa pergunta!

Falar é a arte mais fundamental do casamento — e frequentemente a mais ignorada. Como você responderia a esta pergunta: "Você poderia compartilhar comigo uma experiência que teve hoje e me dizer como ela o(a) afetou?". Como você acha que seu cônjuge responderia? Por que não fazer a pergunta e ver o que acontece? Compartilhar não é assim tão difícil, e isso é incentivado por meio de perguntas.

As perguntas precisam ser específicas e abertas. "Você teve um bom dia?" é uma pergunta que provavelmente provocará apenas sim ou não como resposta. Em vez disso, tente perguntar "o que houve de bom e de ruim no seu dia hoje?". Isso exigirá um pouco de reflexão, mas você e seu cônjuge podem responder a essa pergunta, e suas respostas podem levar a conversas mais envolventes. As perguntas não devem ser feitas com o propósito de gerar discussão, mas para que você entenda o que está acontecendo na vida de seu cônjuge.

O silêncio leva ao isolamento e à separação. Compartilhar pensamentos leva à compreensão e à proximidade. O casamento deve envolver duas pessoas em comunhão uma com a outra, não duas pessoas vivendo sozinhas na mesma casa. Como já falamos, podemos orar para que nossas palavras e conversas sejam agradáveis ao Senhor. Faça uma pergunta hoje e estimule uma conversa significativa.

Promessas de Deus

Quem encontra uma esposa encontra algo excelente; recebeu uma bênção do SENHOR.

Provérbios 18.22

O casamento deve ser honrado por todos; o leito conjugal, conservado puro.

Hebreus 13.4

Do mesmo modo vocês, maridos, sejam sábios no convívio com suas mulheres e tratem-nas com honra, como parte mais frágil e co-herdeiras do dom da graça da vida.

1Pedro 3.7

O presente que é o casamento

A pesquisa é interessante, e o casamento é o vencedor. É verdade. Pessoas casadas são mais felizes, mais saudáveis e mais satisfeitas com a vida do que as solteiras. Parece que as pessoas de hoje estão descobrindo, por meio de pesquisas sociológicas, aquilo que a Bíblia declarou ser verdadeiro milhares de anos atrás.

Foi Deus quem disse: "Não é bom que o homem esteja só" (Gn 2.18). Adão, o primeiro homem, tinha uma vocação. Ele tinha um lugar onde viver e muitos animais para cuidar. Ele tinha até mesmo um relacionamento com Deus. Mas a análise de Deus concluiu que Adão precisava de uma esposa. Deus havia criado todos os animais em pares — macho e fêmea —, mas havia inicialmente criado apenas um humano. A criação de Eva não foi uma ideia tardia. Deus não disse: "Oh, esqueci-me de criar uma mulher. Acho melhor dar um jeito nisso". Não! Foi apenas uma questão de melhor momento. A intenção de Deus desde o início era criar pessoas do sexo masculino e feminino, mas ele quis, primeiro, dar tempo a Adão para que observasse o mundo e descobrisse a necessidade de companhia — uma contraparte dele mesmo. Então Deus criou aquilo que chamou de "alguém que o auxilie e lhe corresponda".

O rei Salomão nos ensina, em Provérbios 18, que o homem que encontra uma esposa — ou, poderíamos extrapolar, uma esposa que encontra um marido — encontra um tesouro. O casamento é um magnífico presente do Senhor.

Promessas de Deus

[Jesus disse:] "Eu lhes mostrarei com quem se compara aquele que vem a mim, ouve as minhas palavras e as pratica. É como um homem que, ao construir uma casa, cavou fundo e colocou os alicerces na rocha. Quando veio a inundação, a torrente deu contra aquela casa, mas não a conseguiu abalar, porque estava bem construída".

Lucas 6.47-48

"Eu me casarei com você para sempre; eu me casarei com você com justiça e retidão, com amor e compaixão. Eu me casarei com você com fidelidade, e você reconhecerá o SENHOR*."*

Oseias 2.19-20

Sobretudo, amem-se sinceramente uns aos outros, porque o amor perdoa muitíssimos pecados.

1Pedro 4.8

Coloque alicerces profundos

Uma fundação firme é a chave para um casamento forte. Jesus contou a história de uma pessoa sábia que construiu uma casa sobre um alicerce de rocha sólida. Quando as tempestades e a inundação vieram, a casa não foi abalada. Compare isso com a pessoa tola que construiu uma casa sem fundação. Ela desabou na primeira tempestade. O alicerce de nosso relacionamento com Deus é fé, confiança e obediência. Em nosso casamento, o alicerce é a união.

No plano de Deus, o casamento envolve duas pessoas, um marido e uma esposa, que se tornam um só. Eles optam por compartilhar a vida de um modo mais profundo um com o outro do que com qualquer outra pessoa, e essa intimidade envolve todos os aspectos da vida. Numa situação ideal, antes de nos casarmos, devemos analisar a fundação que leva à unidade. No que diz respeito ao aspecto intelectual, estamos sintonizados na mesma estação? Conseguimos conversar e entender um ao outro? No que diz respeito ao aspecto emocional, somos capazes de compartilhar nossos sentimentos sem temer a rejeição? No aspecto social, gostamos de atividades similares? E, no aspecto espiritual, estamos caminhando no mesmo sentido?

Uma vez casados, a construção se faz em cima desse alicerce. Se a fundação for instável, então será mais difícil construir a intimidade. Mas devemos construí-la, pois ela é o cerne do casamento. Criar intimidade pode ser difícil, mas todos nós temos a ajuda de Deus quando nos dedicamos a seguir seu plano.

Promessas de Deus

Antes, seguindo a verdade em amor, cresçamos em tudo naquele que é a cabeça, Cristo.

Efésios 4.15

Considere o íntegro, observe o justo; há futuro para o homem de paz.

Salmos 37.37

Finalmente, irmãos, tudo o que for verdadeiro, tudo o que for nobre, tudo o que for correto, tudo o que for puro, tudo o que for amável, tudo o que for de boa fama, se houver algo de excelente ou digno de louvor, pensem nessas coisas.

Filipenses 4.8

A verdade sobre as pombas

Especialistas em casamento descobriram alguns padrões de comunicação comuns e prejudiciais à boa comunicação. Um desses padrões é aquele que às vezes é chamado de Pomba. Nesse padrão, um dos parceiros acalma o outro com o propósito de evitar sua ira. É a síndrome da "paz a qualquer preço". As declarações típicas de uma Pomba são "por mim, tudo bem" ou "fico feliz com qualquer coisa que o deixe feliz".

As Pombas sempre tentam apaziguar a outra pessoa, frequentemente se desculpando por coisas que possam ter aborrecido o parceiro, por mais insignificantes que sejam. Elas quase nunca discordam de seu cônjuge abertamente, não importa como se sintam. É comum o padrão Pomba se desenvolver a partir de uma autoestima baixa. O apaziguador pode pensar assim: "Minhas ideias não valem nada; então, para que expressá-las?". Essa pessoa também teme a reação do cônjuge à discordância.

É óbvio que esse padrão de comunicação não constrói casamentos autênticos. A honestidade honra a Deus e reflete sua imagem. Salmos 31.5 se refere ao Senhor como o "Deus da verdade". Devemos aprender a falar a verdade com benevolência e amor, é claro, mas devemos falar a verdade.

Promessas de Deus

"Em tudo o que fiz, mostrei-lhes que mediante trabalho árduo devemos ajudar os fracos, lembrando as palavras do próprio Senhor Jesus, que disse: 'Há maior felicidade em dar do que em receber.'"

Atos 20.35

"Deem, e lhes será dado: uma boa medida, calcada, sacudida e transbordante será dada a vocês. Pois a medida que usarem também será usada para medir vocês."

Lucas 6.38

Levem os fardos pesados uns dos outros e, assim, cumpram a lei de Cristo.

Gálatas 6.2

O segredo da verdadeira felicidade

A felicidade é uma *commodity* singular. Jamais é encontrada pela pessoa que tenta comprá-la. Homens e mulheres solitários de todas as faixas etárias admitiram a futilidade da busca pela felicidade, em especial o rei Salomão, em Eclesiastes. Esse rei rico e poderoso, com servos prontos a atender todos os seus caprichos, descobriu que a maioria das coisas da vida era tediosa, sem sentido e destituída de alegria.

A maioria de nós se casa presumindo que será feliz. Depois da cerimônia, descobrimos que nem sempre nosso cônjuge procura nos fazer felizes. Talvez até mesmo exija mais e mais do nosso tempo, de nossa energia e de nossos recursos para sua própria felicidade. Sentimo-nos traídos e usados, de modo que passamos a lutar por nossos direitos. Exigimos que nosso cônjuge faça certas coisas para nós ou desistimos e buscamos a felicidade em outro lugar.

Parte da definição de amor apresentada pelo apóstolo Paulo em 1Coríntios 13 é que ele "não procura seus interesses" (v. 5). A felicidade genuína é um subproduto que resulta de fazer outra pessoa feliz. Fico pensando no que teria acontecido se o rei Salomão tivesse encontrado alguém a quem servir. As Escrituras não dizem que "há maior felicidade em dar do que em receber" (At 20.35)?

Você quer ser feliz? Descubra quais são as necessidades de outra pessoa e procure atendê-las. Por que não começar com seu cônjuge? "Como posso ajudar você?" é uma boa pergunta com a qual começar.

Promessas de Deus

O fruto do Espírito é amor, alegria, paz, paciência, amabilidade, bondade, fidelidade, mansidão e domínio próprio. Contra essas coisas não há lei.

Gálatas 5.22-23

"Mas eu lhes digo: Amem os seus inimigos e orem por aqueles que os perseguem, para que vocês venham a ser filhos de seu Pai que está nos céus. Porque ele faz raiar o seu sol sobre maus e bons e derrama chuva sobre justos e injustos. Se vocês amarem aqueles que os amam, que recompensa vocês receberão? Até os publicanos fazem isso! E se saudarem apenas os seus irmãos, o que estarão fazendo de mais? Até os pagãos fazem isso! Portanto, sejam perfeitos como perfeito é o Pai celestial de vocês."

Mateus 5.44-48

Portanto, como povo escolhido de Deus, santo e amado, revistam-se de profunda compaixão, bondade, humildade, mansidão e paciência. Suportem-se uns aos outros e perdoem as queixas que tiverem uns contra os outros. Perdoem como o Senhor lhes perdoou.

Colossenses 3.12-13

O poder transformador do amor

Conta-se a história de uma mulher que procurou um conselheiro conjugal em busca de ajuda.

— Quero me separar do meu marido — disse ela — e quero magoá-lo o mais que puder.

— Nesse caso — aconselhou o conselheiro —, comece a enchê-lo de elogios. Quando você se tornar indispensável a ele, ou seja, quando ele achar que você o ama com devoção, então dê início ao processo de divórcio. Essa é a maneira de causar-lhe a maior mágoa possível.

Alguns meses depois, a esposa voltou para relatar que havia seguido a sugestão do conselheiro.

— Ótimo — disse o conselheiro. — Agora é hora de entrar com os papéis do divórcio.

— Divórcio? — disse a mulher. — Jamais! Eu me apaixonei por aquele homem!

Palavras e ações amorosas mudam não apenas o cônjuge; elas mudam aquele que está falando e agindo com amor. Jesus não disse "amem os seus inimigos" (Mt 5.44)? Talvez seu cônjuge se encaixe nessa declaração, pelo menos em certos momentos! Pode parecer impossível, mas o capítulo 5 de Gálatas nos assegura que nem tudo depende de nós. O Espírito Santo, que habita o cristão, produz atributos piedosos dentro de nós: amor, alegria, paz, paciência, amabilidade, bondade, fidelidade, mansidão e domínio próprio. Tudo o que precisamos fazer é permitir que ele trabalhe dentro de nós.

Amar nosso cônjuge no poder do Espírito Santo nunca piorará as coisas. Quem sabe as coisas possam melhorar? Contrarie suas emoções e dê uma chance ao amor.

Promessas de Deus

O amor é paciente, o amor é bondoso. Não inveja, não se vangloria, não se orgulha. Não maltrata, não procura seus interesses, não se ira facilmente, não guarda rancor.

1Coríntios 13.4-5

Livrem-se de toda amargura, indignação e ira, gritaria e calúnia, bem como de toda maldade. Sejam bondosos e compassivos uns para com os outros, perdoando-se mutuamente, assim como Deus os perdoou em Cristo.

Efésios 4.31-32

O SENHOR *é compassivo e misericordioso, mui paciente e cheio de amor.*

Salmos 103.8

Será que não podemos nos dar bem?

Por que as pessoas discutem? Em uma palavra: inflexibilidade. Quando discutimos, em essência estamos dizendo: "O meu jeito é o jeito certo. Se você não agir do meu jeito, vou infernizar sua vida". O reclamante insiste que as coisas sejam feitas do jeito dele.

Aqueles que resolvem conflitos têm uma atitude diferente. Eles dizem: "Estou certo de que podemos resolver isso de uma maneira que seja positiva para nós dois. Vamos pensar nisso juntos". Eles procuram uma solução na qual ambos saiam ganhando. Começam respeitando as ideias um do outro e procurando uma solução, em vez de tentar ganhar a discussão.

As Escrituras dizem que "o amor não procura seus interesses". O amor tampouco é orgulhoso, por isso não considera que o seu jeito seja o melhor. De fato, amar significa buscar os interesses da outra pessoa. Lemos em Filipenses 2.4: "Cada um cuide, não somente dos seus interesses, mas também dos interesses dos outros". "O que é melhor para você?" é uma pergunta de amor.

Promessas de Deus

Quanto à antiga maneira de viver, vocês foram ensinados a despir-se do velho homem [...] e a revestir-se do novo homem, criado para ser semelhante a Deus em justiça e em santidade provenientes da verdade.

Efésios 4.22-24

As suas misericórdias são inesgotáveis. Renovam-se cada manhã; grande é a sua fidelidade!

Lamentações 3.22-23

Se alguém está em Cristo, é nova criação. As coisas antigas já passaram; eis que surgiram coisas novas!

2Coríntios 5.17

Não é você, sou eu

Sua personalidade é um bônus ou um ônus para o seu casamento? A maioria dos traços de personalidade é expressa por meio de palavras contrastantes. Falamos que um indivíduo é otimista ou pessimista, crítico ou cortês, extrovertido ou introvertido, paciente ou impaciente. Muito embora nossa personalidade se desenvolva na infância, ela não está solidificada. Podemos mudar.

Se eu perceber que minha tendência a me afastar e a permanecer em silêncio é prejudicial ao meu casamento, posso aprender a compartilhar meus sentimentos e pensamentos. Se eu perceber que minha atitude crítica está destruindo a vida do meu parceiro, posso romper esse padrão e aprender a fazer elogios.

A mensagem da Bíblia é que Deus nos ama como somos, mas ele nos ama demais para nos deixar do mesmo jeito. Todos nós precisamos crescer, e o crescimento exige mudança. Somos influenciados por nossa personalidade, mas não precisamos ser controlados por ela. Em vez disso, devemos ser controlados pelo Espírito Santo. Em Efésios 4, Paulo nos diz que nossas atitudes e pensamentos "devem ser renovados" pelo Espírito. Ele trabalhará em nossa vida, mas precisamos permitir que ele o faça. Quando entregarmos o controle a ele, veremos mudanças significativas na maneira como encaramos a vida e o casamento.

Promessas de Deus

Seja um exemplo para os fiéis na palavra, no procedimento, no amor, na fé e na pureza.

1Timóteo 4.12

[Oro] para que Cristo habite no coração de vocês mediante a fé; e oro para que, estando arraigados e alicerçados em amor, vocês possam, juntamente com todos os santos, compreender a largura, o comprimento, a altura e a profundidade, e conhecer o amor de Cristo que excede todo conhecimento, para que vocês sejam cheios de toda a plenitude de Deus.

Efésios 3.17-19

Sei que a bondade e a fidelidade me acompanharão todos os dias da minha vida.

Salmos 23.6

Um legado de amor

Que tipo de legado você deixará para seus filhos? Quando morrer, você deixará algum legado material: dinheiro, roupas, mobília, carros, entre outras coisas. Mas o legado mais importante que você deixará para os seus filhos é o legado do seu casamento.

John sepultou seu pai, com 78 anos de idade, um ano depois de sua mãe ter falecido. Seu pai vivera muitos anos numa casa de repouso, e seu dinheiro havia acabado. Ele não tinha nenhum legado financeiro para deixar. "Antes de morrer", lembra-se John, "ele me disse que queria que eu ficasse com sua aliança de casamento. Depois de sua morte, quando fui à casa de repouso, deram-me uma bolsa com as roupas de meu pai. No fundo havia uma pequena sacola plástica com sua aliança de casamento. Agora, essa aliança está na minha gaveta. Olho para ela todos os dias e lembro-me do casamento fiel de papai e mamãe, que durou mais de cinquenta anos. Penso em tudo o que ele fez por mim quando eu era jovem e oro para que eu possa ser o tipo de marido e pai que ele foi".

As palavras de John falam de um legado muito mais valioso do que a propriedade material. O apóstolo Paulo escreveu a Timóteo encorajando-o a ser um exemplo na maneira de viver, crer e amar. Esse é um desafio para nós também. O que os seus filhos vão pensar um dia, quando olharem para a sua aliança de casamento?

Índice de textos bíblicos

Obras do autor Gary Chapman:

A Bíblia devocional do casal - As linguagens do amor
A essência das cinco linguagens do amor
A família que você sempre quis
Acontece a cada primavera
Agora você está falando a minha linguagem
Amor e lucro
Amor é um verbo
As cinco linguagens da valorização pessoal no ambiente de trabalho
As cinco linguagens do amor
As cinco linguagens do amor das crianças
As cinco linguagens do amor de Deus
As cinco linguagens dos adolescentes
As cinco lingaguens do amor para homens
As cinco linguagens para solteiros
As cinco lingaguens do perdão
As quatro estações do casamento
Bom dia! Leituras diárias selecionadas por Gary Chapman
Brisa de verão
Casados e ainda apaixonados
Castelo de cartas
Como lidar com a sogra
Como mudar o que mais irrita no casamento
Como reinventar o casamento quando os filhos nascem
Do inverno à primavera
Fazer amor
Incertezas de outono
Inesperada graça
Lingaguens de amor
Não aguento meu emprego
O amor como estilo de vida
O casamento que você sempre quis
O que não me contaram sobre casamento
Um conto de casamento
Zero a zero

Compartilhe suas impressões de leitura escrevendo para:
opiniao-do-leitor@mundocristao.com.br
Acesse nosso *site:* www.mundocristao.com.br

Diagramação: Luciana Di Iorio
Preparação: Sheila Fabre
Revisão: Josemar de Souza Pinto
Gráfica: Meta Brasil
Fonte: Constantia
Papel: Pólen Natural 80 g/m²